四特　教育系列丛书　SITEJIAOYUXILIECONGSHU

提高记忆有办法

《"四特"教育系列丛书》编委会　编著

吉林出版集团股份有限公司
全国百佳图书出版单位

图书在版编目（CIP）数据

提高记忆有办法／《"四特"教育系列丛书》编委会编著.
—长春：吉林出版集团股份有限公司，2012.4
（"四特"教育系列丛书／庄文中等主编.爱学习，爱
科学）
ISBN 978-7-5463-8692-8

I.①提… Ⅱ.①四… Ⅲ.①中小学生－记忆术－学习方
法 Ⅳ.① G632.46

中国版本图书馆 CIP 数据核字（2012）第 044362 号

提高记忆有办法

TIGAO JIYI YOU BANFA

出 版 人	吴　强	
责任编辑	朱子玉　杨　帆	
开　　本	690mm×960mm　1/16	
字　　数	250 千字	
印　　张	13	
版　　次	2012 年 4 月第 1 版	、
印　　次	2023 年 2 月第 3 次印刷	

出　　版	吉林出版集团股份有限公司
发　　行	吉林音像出版社有限责任公司
地　　址	长春市南关区福祉大路 5788 号
电　　话	0431-81629667
印　　刷	三河市燕春印务有限公司

ISBN 978-7-5463-8692-8　　　　　定价：39.80 元

前　言

　　学校教育是个人一生中所受教育最重要的组成部分之一，个人在学校里接受计划性的指导，系统地学习文化知识、社会规范、道德准则和价值观念。学校教育从某种意义上讲，决定着个人社会化的水平和性质，是个体社会化的重要基地。知识经济时代要求社会尊师重教，学校教育越来越受重视，在社会中起到举足轻重的作用。

　　"四特教育系列丛书"以"特定对象、特别对待、特殊方法、特例分析"为宗旨，立足学校教育与管理，理论结合实践，集多位教育界专家、学者及一线校长、教师的教育成果与经验于一体，围绕困扰学校、领导、教师、学生的教育难题，集思广益，多方借鉴，力求全面彻底解决。

　　本辑为"四特教育系列丛书"之《爱学习，爱科学》。

　　古今中外，许多成功人士都重视和强调学习方法的重要性。伟大的生物学家达尔文就曾说过："一切知识中最有价值的是关于方法的知识。"著名的大科学家爱因斯坦的成功方程式则是"成功＝艰苦的劳动＋正确的方法＋少说空话"。这也是爱因斯坦对其一生治学和科学探索的总结。我们不难看出正确的方法在成功诸因素中具有多么重要的位置。联合国教科文组织国际教育发展委员会在《学会生存》一书中指出："未来的文盲不再是不识字的人，而是没有学会怎样学习的人。"也就是说，未来的文盲不是"知识盲"，而是"方法盲"。所以，在教学中对学生进行正确学习方法教育极具重要性。本书包括提高智力的方法及各种学习方法和各科学习方法等内容，具有很强的系统性、实用性、实践性和指导性。但要说明的是："学习有法，但无定法，贵在得法。"教师在教学中要注意因材施教，注意学生的个体差异，进而施以不同的方法教育，这样才能让学生掌握最适合自己的学习方法和学习的金钥匙，从而终身享用。

　　科学是人类进步的第一推动力，而科学知识的普及则是实现这一推动的必由之路。在新的时代，社会的进步、科技的发展、人们生活水平的不断提高，为我们青少年的科普教育提供了新的契机。抓住这个契机，大力普及科学知识，传播科学精神，提高青少年的科学素质，是我们全社会的重要课题。科学教育，是提高青少年素质的重要因素，是现代教育的核心，这不仅能使青少年获得生活和未来所需的知识与技能，更重要的是能使青少年受到科学思想、科学精神、科学态度及科学方法的熏陶和培养。

　　本辑共20分册，具体内容如下。

　　1.《智能提高有办法》

　　智能提高可能性，与遗传基因和后天因素息息相关。我们无法改变遗传因素，能够改变的就是尽量利用后天因素。本书针对学生如何提高学习智能进行了系统而深入的分析和探讨，并给予了切实的指导，对中小学生颇有启发意义，具有很强的系统性、实用性、实践性和指导性。

　　2.《高效学习有办法》

　　高效学习法是一种寓教于乐的教育方式和高效学习训练系统。它从阅读、记忆、速算、书写这四个方面入手，提高孩子的"速商"，让孩子读得快、学得快、算得快、记得快,迅速提高学习成绩。本书针对学生如何提高学习效率进行了系统而深入的分析和探讨,并给予了切实的指导,对中小学生颇有启发意义,具有很强的系统性、实用性、实践性和指导性。

3.《提高记忆有办法》

人的大脑机能几乎都以记忆力为基础,只有记忆力好,学习、想象、创意、审美等能力才能顺利发展。那么,如何才能记得更多、记得更牢、更有效地提高记忆力呢?本书帮助你找到提高记忆力的秘密,将记忆能力提升到顶点。本书针对学生如何提高记忆力进行了系统而深入的分析和探讨,并给予了切实的指导,对中小学生颇有启发意义,具有很强的系统性、实用性、实践性和指导性。

4.《阅读训练有办法》

本书以语境语感训练为主要教学法,以日常生活中必读的各种文体、范文讲解及阅读材料的补充为内容,从快速阅读入手,帮助学习者提高汉语阅读水平。学生在学习的过程中,根据实际情况选用适应的学习方法,定能收到事半功倍的效果。

5.《轻松作文有办法》

写作是汉语的重要组成部分,在汉语中有举足轻重的地位。人们抒发感情需要写作,总结经验教训需要写作,记叙事件需要写作……总之,无论学习、工作、生活都离不开写作。本书针对学生如何提高写作能力进行了系统而深入的分析和探讨,并给予了切实的指导,对中小学生颇有启发意义,具有很强的系统性、实用性、实践性和指导性。

6.《课堂学习有办法》

课堂听课是学生在校学习的基本形式,学生在校学习的大部分时间是在听课中度过的。听课之所以重要,是因为大部分知识都得通过听老师的讲课来获取。要想学习好,首先必须学会听课。本书针对学生如何提高课堂学习能力进行了系统而深入的分析和探讨,并给予了切实的指导,对中小学生颇有启发意义,具有很强的系统性、实用性、实践性和指导性。

7.《自主学习有办法》

自主学习是与传统的接受学习相对应的一种现代化学习方式,以学生作为学习的主体,通过学生独立分析、探索、实践、质疑、创造等方法来实现学习目标。本书针对学生如何提高自主学习能力进行了系统而深入的分析和探讨,并给予了切实的指导,对中小学生颇有启发意义,具有很强的系统性、实用性、实践性和指导性。

8.《应对考试有办法》

考试主要有两个目的:一是检测考试者对某方面知识或技能的掌握程度;二是检验考试者是否已经具备获得某种资格的基本能力。如何有效准备考试,可分成考试前、考试中、考试后三个部分作说明。本书针对学生如何应对考试进行了系统而深入的分析和探讨,并给予了切实的指导,对中小学生颇有启发意义,具有很强的系统性、实用性、实践性和指导性。

9.《文科学习有办法》

综合文科的学习旨在帮助学生学会学习,学会分析、研究人与自然、人与社会、人与自身关系中的现实问题,学会探讨解决问题的方法,等等,帮助学生树立终身学习的观念,在这个过程中不断培养学生的实践能力、创新意识和创造力。本书针对学生如何提高文科学习能力进行了系统而深入的分析和探讨,并给予了切实的指导,对中小学生颇有启发意义,具有很强的系统性、实用性、实践性和指导性。

10.《理科学习有办法》

理科学习要有良好的学习习惯和有效的学习方法。总体来说，科学的学习方法可用如下歌谣来概括：课前要预习，听课易入脑；温故才知新，歧义见分晓；自学新内容，要把重点找；问题列出来，听课有目标；听课要专心，努力排干扰；扼要做笔记，动脑多思考；课后须复习，回忆第一条；看书要深思，消化细咀嚼。本书针对学生如何提高理科学习能力进行了系统而深入的分析和探讨，并给予了切实的指导，对中小学生颇有启发意义，具有很强的系统性、实用性、实践性和指导性。

11.《组织阅读科学故事》

在我们的生活中，疑问几乎无处不在，而这些疑问往往能激发孩子们珍贵的求知欲，它能引领孩子们正确地认识和了解世界，并进一步地探知世界的奥秘，是早期教育最为关键的环节之一。为了让孩子们更好地把握时代的脉搏，做知识的文人，我们特此编写了这本书，该书真正迎合了青少年的心理，内容涵盖广泛，情节生动鲜活，无形中破解孩子们心中的疑团，且本书生动有趣，是青少年最佳的课外读物之一。

12.《培养科学幻想思维》

幻想思维是指与某种愿望相结合并且指向未来的一种想象，由于幻想在人们的创造活动中起着重要作用，在发明创造活动中应鼓励人们对事物进行各种各样的幻想，幻想思维可以使人们的思想开阔、思维奔放，因此它在创造中的作用是显而易见的。本书针对学校如何培养学生的幻想思维进行了系统而深入的分析和探讨，并给予了切实的指导，对中小学生颇有启发意义，具有很强的系统性、实用性、实践性和指导性。

13.《培养科学兴趣爱好》

怎样让学生对科学产生兴趣？这是很多老师都想得到的答案。想学好科学，兴趣很关键。其实，生活中的许多小细节都蕴涵着丰富的科学知识，大家完全可以因地制宜，为学生创造良好的环境，尽量给学生提供不同的机会接触各种活动。本书针对学校如何培养学生的科学兴趣爱好进行了系统而深入的分析和探讨，并给予了切实的指导，对中小学生颇有启发意义，具有很强的系统性、实用性、实践性和指导性。

14.《培养学习发明创造》

发明创造是科学技术繁荣昌盛的标志和民族进取精神的体现。有学者预言，二十一世纪将是一个创造的世纪，而迎接这个创造世纪的主人，正是我们那些在校学习的孩子们。因此，对青少年进行发明创造教育，就显得极其重要了。心理学家研究表明，青少年的好奇心正是他们探索世界、改造世界、产生创造欲望的心理基础。通过开展青少年发明创造活动，鼓励青少年去发现新问题、提出新设想、实现新目标，这是培养他们的创新精神，提高他们的创造力的最好途径之一。

15.《培养科学发现能力》

阿基米德在洗澡时发现了阿基米德定律，牛顿看到苹果落地，最终得出了牛顿第一运动定律。在科学史上，这样的事例还有很多，它证明了科学并不神秘，真理并不遥远，只要我们能见微知著，善于发问，并不断探索，那么，当你解答了若干个问题之后，就能发现真理。本书针对学校如何培养学生的科学发现能力进行了系统而深入的分析和探讨，并给予了切实的指导，对中小学生颇有启发意义，具有很强的系统性、实用性、实践性和指导性。

16.《组织实验制作发明》

科学并不神秘，更没有什么决定科学力量的"魔法石"，科学的本质在于好奇心和造福人类的理想驱使下的探索和创新。自然喜欢保守她的奥秘，往往不直接回应我们的追问，但只要善于思考、勤于动手、大胆假设、小心求证，每个人都能像科学大师一样——用永无止境的探索创新来开创人类的文明。本书针对学校如何组织学生实验制作发明进行了系统而深入的分析和探讨，并给予了切实的指导，对中小学生颇有启发意义，具有很强的系统性、实用性、实践性和指导性。

17.《组织参观科普场馆》

本书集中介绍了全国多家专题性科普场馆，这些场馆涉及天文、地质、地震、农业、生物、造船、汽车、交通、邮政、电信、风电、环保、公安、银行、纺织服饰、中医药等多个行业和学科领域。本书再现了科普场馆的精彩场景，还包括科普场馆的基本概况、精彩展项、地理位置、开放时间、联系方式等多板块、多角度信息，全面展示了科普场馆的风采，吸引读者走进科普场馆一探究竟。本书是一本科普读物，更是一本参观游览的实用指南。通过本书的介绍能让更多的观众走进科普场馆。

18.《组织探索科学奥秘》

作为智慧生物的人类自诞生之日起就开始了漫长的探索进程，人类的发展史就是一部探索科学、利用科学史。镭的发现，为人类探索原子世界的奥秘打开了大门；万有引力的发现，使人们对天体的运动不在感到神秘；进化论的提出，让人类知道了自身的来历……探索让人类了解生命的起源秘密，探索让人类掌握战胜自然的能力，探索让人类不断进步，探索让人类完善自己。尽管宇宙无垠、奥秘无穷，但作为地球的主宰者，却从未停下探索的步伐，因为人类明白：科学无终点，探索无穷期。

19.《组织体验科技生活》

科技总是不断在进步着，并且改变着我们的生活，让我们的生活变得更加多彩。学校科学技术普及的目的是使广大青年学生了解科学技术的发展，掌握必要的知识、技能，培养他们对科学技术的兴趣和爱好，增强他们的创新精神和实践能力，引导他们树立科学思想、科学态度，帮助他们逐步形成科学的世界观和方法论。本书针对学校如何组织学生体验科技生活进行了系统而深入的分析和探讨，并给予了切实的指导，对中小学生颇有启发意义，具有很强的系统性、实用性、实践性和指导性。

20.《组织科技教学创新》

现在大家提倡素质教育，科学素质是素质教育的重要组成部分，学生科学素质培养的核心是培养学生的创新精神和创新能力，创新能力的培养、开发应从幼儿开始，在长期的教学、训练过程中逐步形成和发展。小学科技教学，在培养学生创新精神和创新能力中，起着举足轻重的作用。帮助学生树立新的观念，主动地、富有兴趣地学习新的科学知识，去观察、探索、实验现实生活乃至自然界的问题，在课内外展开研究性的教学活动等，是行之有效的。但是，科技活动辅导任重而道远，这就要求科技课教师不断探索辅导方法，不断提高辅导水平，为全面推进素质教育，实施科教兴国战略奠定坚实的人才和知识基础。

由于时间、经验的关系，本书在编写等方面，必定存在不足和错误之处，衷心希望各界读者、一线教师及教育界人士批评指正。

编者

目　录

第一章

学生提高记忆能力理论指导

1. 学生记忆能力的分类

人们在漫长的社会生活与学习中需要记忆来学习和工作，但人的记忆却因人的个体差异不同而不同。根据学术界对记忆的一般性结论可知，人的记忆力有很大差距，这种差距通过人的记忆分类我们就更容易看清。

按照记忆内容分类

根据记忆内容的变化，记忆的类型有形象记忆型、抽象记忆型、情绪记忆型和动作记忆型。

（1）形象记忆型

形象记忆型是指以事物的具体形象为主要的记忆类型。

（2）抽象记忆型

抽象记忆型也称词语逻辑记忆型，它是以文字、概念、逻辑关系为主要对象的抽象化的记忆类型，如"哲学""市场经济""自由主义"等词语，整段整篇的理论性文章，一些学科的定义、公式，等等。

（3）情绪记忆型

情绪、情感是指客观事物是否符合人的需要而产生的态度体验。这种体验是深刻的、自发的、情不自禁的，所以记忆的内容可以深刻地、牢固地保持在大脑中。

（4）动作记忆型

动作记忆是以各种动作、姿势、习惯和技能为主的记忆。动作记忆是培养各种技能的基础。

按照感知器官分类

（1）视觉记忆型

视觉记忆型是指视觉在记忆过程中起主导作用的记忆类型。视觉记忆中，主要是根据形状印象和颜色印象记忆的。

（2）听觉记忆型

听觉记忆型是指听觉感知在记忆过程中起主导地位的记忆类型。

（3）嗅觉记忆型

嗅觉记忆型是指嗅觉感知在记忆过程中起主导地位的记忆类型。嗅觉记忆是常人都具备的一种记忆。

（4）味觉记忆型

味觉记忆型是指味觉感知在记忆过程中起主导地位的记忆类型。味觉记忆也是常人都具备的一种记忆。

（5）肤觉记忆型

肤觉记忆型是指肤觉感知在记忆过程中起主导地位的记忆类型。

（6）混合记忆型

混合记忆型是指两种以上感知器官在记忆过程中同时起主导作用的记忆类型。

按照保持时间分类

科学家根据信息论的观点、根据记忆过程中信息保持的时间长短不同，将记忆分为短期记忆和长期记忆两个保持阶段，并通过一系列实验，进一步将这两个阶段分为：瞬时记忆、短时记忆和长时记忆三种。

（1）瞬时记忆

瞬时记忆又称感觉记忆，保持时间不超过一秒钟，瞬现即逝、须臾即忘，人们往往感觉不到。大脑对此类信（讯）息不做加工和重复，形成的痕迹是表浅而活动的，一秒钟以后就消失，遗忘后不能恢复。

（2）短时记忆

短时记忆也叫操作记忆，保持时间大于一秒但不超过一两分钟，常和一定的操作动作相联系，操作结束，准确的记忆内容也就消失。边记边忘的短时记忆是一种正常现象，能减轻大脑的记忆负担。

（3）长时记忆

长时记忆保持时间大于一两分钟，通常能保持较长时间，有的可终生不忘。大脑对此类信（讯）息进行了储存前的主动、积极加工，形成的痕迹大都是结构的、深刻的、牢固的，保持时间较长，遗忘后大都能回想起来。

同一内容经过反复记忆，可以延长记忆时间，把短时记忆转化为长时记忆。动物实验结果表明，记忆痕迹在受试老鼠的脑中至少要持续 90 秒钟，短时记忆才会转变而巩固为长时记忆，对于人类来说则只需四五秒钟。

按照心理特征分类

（1）情绪记忆

情绪记忆是指以体验过的情绪、情感为内容的记忆。当某种情境或事件引起个人强烈或深刻的情绪、情感体验时，对情境、事件的感知同由此而引发的情绪、情感结合在一起，就可保持在人的头脑中。在回忆过程中，只要有关的表象浮现，相应的情绪、情感就会出现。

情绪记忆具有鲜明、生动、深刻、情境性等特点。情绪记忆往往较其他记忆更为牢固。有时经历的事实已有所遗忘，但激动或沮丧的情绪依然留在记忆中。情绪记忆在文艺创作和表演艺术中起着重要作用。

（2）非情绪记忆

非情绪记忆指的是除情感因素之外的其他因素，形成的人类记忆。

按照生理特征分类

（1）运动记忆

运动记忆指的是以身体的运动状态或动作形象为内容的记忆。它是形象记忆的一种形式，只是记忆的对象不是静态的人物、物体或自然景物的直观形象，而是各种运动的动作形象。

由过去的运动或操作动作所形成的动作表象是运动记忆的前提。如果没有运动表象，就没有运动记忆。动作表象来源于人对自己的运动动作的知觉及对别人的动作和图画中的动作姿势的知觉，也可以通过对已有的动作表象的加工改组而创造出新的动作形象。

动作形象可以长期保持并在劳动和生活中起重要的作用。人们在劳动实践中学会的各种劳动技能，在体育运动中掌握的各种运动技能及其他领域的各种技巧动作，都必须依靠运动记忆。

（2）非运动记忆

非运动记忆指的是除运动因素之外的其他因素形成的人类记忆。

按意识类型的分类

按心理活动是否带有意志性和目的性分类，可以将记忆分为无意记忆和有意记忆。其中的"意"，心理学上的解释是指"意识"，意识问题很复杂，我们在这里将它解释为"意志性"和"目的性"，仅为了掌握。结合记忆过程，还可以进一步分为：无意识记、无意回忆、有意识记和有意回忆四种。

（1）无意记忆的四个特征

①没有任何记忆的目的、要求。

②没有做出任何记忆的意志努力。

③没有采取任何的记忆方法。

④记忆的自发性，并带有片面性。

（2）有意记忆的四个特征

①有预定的记忆目的和要求。

②需要做出记忆的意志努力。

③需要运用一定的记忆方法。

④具有自控性和创造性。

（3）无意记忆和有意记忆的相互转化

无意记忆可以向有意记忆转化,有意记忆也可以向无意记忆转化。这些条件包括以下几点。

①实践或认识任务的需要是二者相互转化的根本条件。

②信息强度的变化是转化的重要条件。

③人的主观处于何种状态是转化的重要条件。

④所掌握的记忆技能的熟练程度是转化的必要条件。

⑤精神高度集中,然后思想放松,常常是有意记忆向无意记忆转化的有利时机。

按照记忆材料的大脑半球分类

大脑分为两个半球,左半球支配人体的右侧,右半球支配人体的左侧,大脑受伤会使它支配的那部分身体产生功能障碍。

（1）左半球记忆

左半球不仅是语言中枢,还能从事分析性的工作,如逻辑推理、数学运算和写作等。左半球倾向于按顺序处理信息,负责记忆逻辑信息、语言信息。

（2）右半球记忆

右半球善于处理空间概念和识别面孔、图案、曲调、色彩,还擅长创造性的活动,习惯同时处理信息,负责记忆形象信息、艺术信息。

2．记忆在学习效率方面的作用

现代认知理论认为，知识信息可以在长时记忆中得到永久储存，但由于人们的学习不能停止，人脑也处于不断地对外来信息进行加工的状态，学习材料之间会产生干扰作用，因此随着时间的流逝，头脑中的某些知识信息会出现难以提取的情况。也就是说，会发生遗忘现象。

著名的记忆心理学家艾宾浩斯，以无意义音节作为记忆材料，用节省法计算保持和遗忘的数量。由其实验结果绘制成著名的艾宾浩斯曲线，这条曲线反映了遗忘的规律：学习后的不同时间里保持量是不同的，刚学完时保持量最大，在学后的短时间内保持量急剧下降，然后保持量渐趋稳定地下降，最后接近水平，到了一定的程度，就几乎不再遗忘了。

艾宾浩斯通过实验所提出的这条遗忘规律曲线成为现代记忆研究的基础。那么为什么会产生遗忘？不同流派的心理学家对于遗忘原因有不同的解释。衰退理论认为，遗忘是记忆痕迹随着时间的推移而逐渐消退；干扰理论认为，遗忘是因为我们在学习和回忆之间受到了其他刺激的干扰，一旦排除了这些干扰，记忆就能够恢复；提取失败理论认为，遗忘是一时难以提取出欲求的信息，一旦有了正确的线索，经过搜寻，那么，所要的信息就能被提取出来；动机性遗忘理论认为，遗忘是因为我们不想记，而将一些记忆推出意识之外，因为它们太可怕、太痛苦、太有损于自我。总之，遗忘的原因是多方面的。

学生在课堂上接受的知识，如果不通过进一步的学习进行充分巩固，并随后进行充分复习，是会很快被遗忘的，这会直接影响到对学习效果的保持。如果教师能够帮助学生学习有关记忆的规律，并结合学生的年龄特点，采取行之有效的具体措施来防止遗忘，学习效率也会随之得到提高。

那么如何提高学习和保持的效率，下面介绍一些具有普遍意义和广泛应用价值的行之有效的具体措施。

心象化

当对象不在面前时，我们的头脑中浮现出的形象称为心象。例如，读着莎士比亚的《哈姆雷特》，在头脑中会浮现出哈姆雷特的心象；读着曹雪芹的《红楼梦》，在头脑中会出现林黛玉、贾宝玉的心象。美国学者哈拉里有一句名言，"千言万语不及一张图。"把要记的材料同视觉心象联系起来进行记忆，视觉心象越清晰，记忆效果越好。

对于故事和诗歌或单词等，如果能在头脑中形成心象来记忆，其效果远远优于机械地重复记忆。例如，读李白的《望庐山瀑布》时，可以根据诗意幻想出如下画面：高山上云雾缭绕，在明媚的阳光照耀下的庐山香炉峰好似正在冒着紫色的云气，远处瀑布从高处飞泻而下，水花四溅，犹如天上的银河飞落下来。记住了这个壮观的画面，再加上声情并茂的朗诵，自然就会相当深刻地记住这首诗。

意义编码

记忆分为两种，一种是机械记忆，一种是理解记忆或叫意义记忆。心理学研究认为，理解记忆的效果优于机械记忆，尤其对中学生而言，根据他们的思维发展水平，理解记忆应该在记忆活动中占优势。

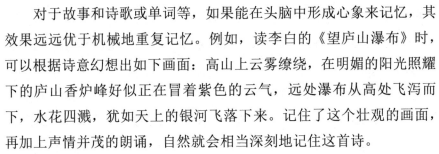

学习无意义的材料时，通过关注记忆材料的细节，或赋予意义并与有关观念形成联想等，以对新材料从多个方面进行感知，从而有助于提高长时记忆。例如，要记住 149162536496481 这一行数字，如果看不出这些数字间的意义联系，就难以记住，如果看出了这些数

字之间的意义结构：*1，4，9，16，25，36，49，64，81*，即"从*1*到*9*的整数的平方"，那就容易记了。

组块记忆

心理学研究发现，人的短时记忆是以组块为单位的，短时记忆的容量为*7±2*个组块。每一个组块内的信息量多少是相对的、变化的。一个组块可以是一个字母或数字，一组字母或其他材料，甚至一组词或一个句子，组块内部的信息是互相连结的，而不是各自孤立的。

学习无关联的材料时，可以把孤立的记忆材料建构为一个大的组块，利用组块来记忆可以大大增加人的记忆容量。组块现象在各种学习材料中大量存在着。例如汉语中的成语、谚语、词组，英语中的短语、习惯用语，人的名字、职务，甚至数学公式也存在着组块。

过度学习

过度学习是指达到能够完全背诵材料程度后仍继续学习。心理学家贾斯汀·克鲁格（Justin Kruger）曾做过一个著名实验，证明了过度学习对材料保持的作用，认为过度学习对保持，特别是对材料长久保持更为有利。*150%*的学习程度是最佳的学习程度，即记忆一个材料，假定记*10*遍恰好刚刚背过，那么，如果再多记*5*遍，记忆效果则最佳。

学习的程度不同对保持进程也有影响。一种学习材料如果学得没有达到一次完全能背诵的标准，比达到恰能背诵之后还能继续学下去的标准更容易遗忘。一般来说，熟练的动作，保持得最好；记熟了的形象材料，也比较能长久记住；有意义的语文材料，特别是诗歌，比无意义材料，保持得更好些。

及时复习

斯皮泽（Spitzer）曾做过这样一个实验：选用一段文章作为记

忆材料，A 组被试学习后不久就进行一次复习，B 组被试学习后则不进行复习，结果发现 A 组在一天后和一周后的保持成绩均高于 B 组。研究结果发现：学习后的前几天遗忘发生很快，而以后则逐渐变慢。

因此，合理的复习方法是在学习后当天最好复习一次，以后复习间隔逐渐变大。刚开始记忆时，可以用较长的时间，两次记忆之间间隔短一些。经过几次记忆之后，每次记忆所用时间可以短些，时间间隔可以长些。这样就可以在遗忘之前得到巩固，使保持效果始终处于较高水平，切不可等到几乎全部忘记后再重新学习。

自我参与程度

俗话说："兴趣是最好的老师。"对学习感兴趣并自觉自愿地学习，记忆效率就高；反之，不愿学或不感兴趣，记忆效率就低。美国心理学家拉扎若斯（Lasarus）在高中语文课上做过一个兴趣与智能的对比研究。他将学生分为智能组和兴趣组，智能组的学生平均智商为 120，但对阅读和写作不感兴趣；兴趣组的学生平均智商为 107，但喜欢阅读和写作。一个学期结束时对两组学生进行同题测验，结果兴趣组总成绩高于智能组。因为，兴趣组的学生平均每人阅读了 20.7 本书，写了 148 篇文章；而智能组的学生平均每人只阅读了 5.5 本书，写了 32 篇文章。由此可见，兴趣的重要性。

布鲁纳（Bruner）谈及学习动机与情感的关系，认为最好的学习动机莫过于对所学材料本身具有内在兴趣。学生是学习的主体，学生必须有志于学、乐于学，才能取得优异的学业成绩。因此，教师在教学实践中应注意激发学生的学习兴趣，唤起学生的认知好奇心。

不同的学科、不同的知识，甚至是不同记忆者，都有其最佳的记忆方法。教师应结合学生的具体情况，学习者也要对自身的学习情况加以总结和归纳，从中找到科学的记忆方法。这样，才能最大限度地运用记忆辅助我们的学习，提高学习效率。

3．思维导图对记忆的作用

人们接受学校的教育以来，在阅读或学习过程中，为记住学习内容，养成了按顺序做常规笔记的习惯。然而，我们很少意识到，此种传统的笔记方法存在着一定的缺点。托尼·巴赞（Tony Buzan）在经过长期的研究和实践后，明确而深刻地对传统笔记的弊端进行了简明而精辟的阐述。

传统笔记的弊端

（1）埋没关键词

重要的内容要由关键词来表达，然而常规标准笔记中，这些关键词却埋没在一大堆相对不重要的词汇之中，阻碍了大脑对各关键概念之间作出合适的联想。

（2）不易记忆

单调的笔记看起来很枯燥，要点也很相似，会使大脑处于一种催眠状态，让大脑拒绝和抵触吸收信息。

（3）浪费时间

记一些不必要的内容，读一些不需要的材料，复习一些不需要的材料，寻找不必要的关键词。

（4）不能有效刺激大脑

标准笔记的线性表达阻碍大脑作出联想，因此对创造性和记忆造成消解效果，抑制思维过程。

思维导图对记忆和学习的作用

①只记忆相关的词，可以节省时间 50%，到 95%。

②只读相关的词，可以节省时间大于 90%。

③复习思维导图笔记，可以节省时间大于 90%。

④不在不需要的词汇中寻找关键词，可省时间 90%。

⑤集中精力于真正的问题。

⑥重要的关键词更为显眼。

⑦关键词并列在时空之中，可灵活组合，改善创造力和记忆力。

⑧易于在关键词之间产生清晰合适的联想。

⑨不断有新发现和新关系的出现。

⑩大脑不断地利用其皮层技巧，起来越清醒，越来越愿意接受新事物。

作为助记忆的思维导图，它为人们提供了一个"十拿九稳"的记忆方法，使其记忆能力成倍增长。同样，创造性思维导图也把人们简单的创造性思维模式向四周无限地发散。

4. 训练学生记忆能力的方法

记忆力可以通过训练得到提高。古今中外，很多名人学者都很注意用各种方法来锻炼自己的记忆力。比如托尔斯泰说过："我每天做两种操，一是早操，一是记忆力操，每天早上背书和外语单词，以检查和培养自己的记忆力。"

托尔斯泰的"记忆力操"实际上就是反复"复现"。只要我们有计划地"复现"，记忆力一定会不断增强。下面几种训练记忆力的方法很有效，我们可以平时参照一下。

积极暗示法

许多人常常感叹"我记性不好"，韶华渐逝是一方面，另一方面也是对自己的记忆力缺乏足够的信心。面对一连串的外语单词或一大堆材料，有些人想："这么多，我能记住吗？"其实，这就给自己的记忆设了障碍，这时应该给自己打气："我一定能记住。"这是积极的心理暗示。还可以想想自己小时候就能熟背唐诗的情形，以及想想自己以往考试前精心复习，取得了优异成绩的情形。

限时强记法

在规定的时间里记忆数字、人名、单词等，可以锻炼强记的能力。比如，在地铁候车时，你规定自己在车来之前记住广告牌上的几个电话和地址，而且尽量用你的右脑来记忆。第二天，看看你是否全记住了。

别以为这样很无聊，这可是充分调动你的左右脑，防止大脑老化，提高记忆力的方法。这种方法随时随地都可以实施。当然，你也可以随身带几张客户名片，用上下班时间来记上面的地址和电话。

精细回忆法

我们平时接触了很多人和事物，记了很多，但因为很少回忆，所以很多记住的东西又模糊或淡忘了。常回忆，并尽可能精细，是锻炼记忆的好方法。

多年前在中央电视台《挑战主持人》节目中，规则要求攻擂者和守擂者在短时间内观察一名模特，然后比赛看谁记住的内容多，这个内容就非常精细，比如模特服装的颜色、穿了几件 T 恤、佩戴了什么饰品、饰品各戴在什么位置、鞋上有什么装饰等……两名参赛者的记忆力令人惊叹。

其实，我们平时就可以这样锻炼自己的记忆力。见了一个人，回忆一下她衣服的款式、颜色，发型和头发的颜色，手袋的款式、面料，等等；也可以回忆一下自己最近看过的电影，里面有什么人物？发生了什么事？结局怎样？仔细回忆每一个镜头，越精细越好。

其他方法

（1）注意力集中

记忆时只有聚精会神，专心致志，排除杂念和外界干扰，大脑皮层才会留下深刻的记忆痕迹而不容易遗忘。如果精神涣散，一心二用，就会大大降低记忆效率。

（2）兴趣浓厚

如果对学习材料、知识对象毫无兴趣，即使花再多时间，也难以记住。

（3）理解记忆

理解是记忆的基础。只有理解的东西才能记得牢、记得久，仅靠死记硬背则不容易记得住。对于重要的学习内容，如能做到理解和背诵相结合，记忆效果会更好。

（4）过度学习

过度学习，即对学习材料在记住的基础上，多记几遍，达到熟记、牢记的程度。

（5）及时复习

遗忘的速度是先快后慢。对刚学过的知识，趁热打铁，及时温习巩固，是强化记忆痕迹、防止遗忘的有效手段。

（6）经常回忆

学习时，不断进行尝试回忆，可使记忆中的错误得以纠正、遗漏得以弥补，使学习内容中的重难点记得更牢。闲暇时经常回忆过去识记的对象，也能避免遗忘。

（7）视听结合

可以同时利用语言功能和视、听觉器官的功能来强化记忆，提高记忆效率，这比单一默读的效果好得多。

（8）多种手段

根据情况灵活运用分类记忆、图表记忆来缩短记忆过程，或者采取编提纲、记笔记、做卡片等方法来增强记忆力。

（9）最佳时间

一般来说，上午 9～11 时、下午 3～4 时、晚上 7～10 时为最佳记忆时间。利用上述时间来记忆重要且有难度的学习材料，效果要好得多。

（10）科学用脑

在保证营养、积极休息、进行体育锻炼等保养大脑的基础上科学用脑。只有防止过度疲劳，保持积极乐观的情绪，才能大大提高大脑的工作效率，这是提高记忆力的关键。

5．提高学生记忆能力的方法

记忆，是获取知识的必要手段和重要手段。对于学生而言，学习的最大障碍莫过于记忆力差。怎样克服记忆力差的困难，提高识记和学习的效果，是每一个学生都盼望解决的问题。的确，学生每天学习大量没有亲身实践过的理论知识，没有一定的记忆力是不行的。

记忆力强的学生，能够迅速地、准确地、持久地掌握学习过的知识和技能，也能比较好地理解、运用这些知识和技能。因此，在求知的时候，掌握一定的记忆规律和记忆方法，培养科学的记忆习惯，提高自己的理解力、记忆力是非常必要的。提高记忆力，有规律可循吗？有科学的方法可借鉴吗？答案是肯定的。

提高记忆力的方法，中外学者都归纳出了若干种。但哪种方法适合自己，还得靠自己在学习实践中摸索和总结。要根据不同的学习内容和要求，正确采用不同的记忆方法，这是保证按时完成学习任务和提高学习质量的前提。以下是一些记忆方法，供广大学生参考，以期帮助提高记忆力。

（1）抓重点记忆法

立足于全面、系统地学习知识，要突出重点，抓"牛鼻子"，起到以点带面，"牵一发而动全身"的效果。

（2）机械记忆法

学习英语单词、外文字母、元素符号等，用这种方法就比较奏效。机械记忆法，就是采用单纯的反复记忆的方法来达到巩固和掌握学习内容的目的。

（3）"体操式"记忆法

马克思有超常的记忆力，但其超常的记忆力不是天生的，这与他坚持强记的习惯分不开。他从少年时代起，坚持用自己不太熟悉的外语去背诵诗歌，天长日久，他的记忆力越来越强，托尔斯泰称这种方法是"记忆力的体操"。

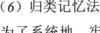

（4）理解记忆法

俗话说，如要记得，先要懂得。在看书或听课时，理论联系实际，把科学概念或定理等通过联想来帮助理解，这样就容易巩固、记住新知识。有人曾做过试验，一篇百字文，理解之后大概用 $15 \sim 20$ 分钟就可以把它记住了，如若不是这样，则要花费近 1 个小时，甚至更多的时间。

（5）覆盖关键部分记忆法

先用纸盖住你认为难以记住的内容，暂时不让自己看见，然后再读余下内容，想象被覆盖部分的内容，实在想不出来，再移开盖纸，如此反复几次，就可以记住了。

（6）归类记忆法

为了系统地、牢固地掌握科学的知识，可以把繁多的内容按意义不同、性质不同、用途不同、结构不同、形式不同等进行分类。分类以后，内容就显得简单明了，从而减轻了记忆的负担，缩短了记忆的时间，提高了学习的效率。

（7）交谈记忆法

和同学在一起散步或闲聊时，可以就学习中的疑难问题作为交谈的话题，你一言，我一语，或许就能把疑难问题解决了。这种活动，不但能鼓励大家主动去探索问题、解决问题，培养浓厚的学习兴趣，还能提高语言表达能力，增进同学之间的友谊。通过交谈，会使自己尚未扎根的记忆和没有自信的记忆，变成确定实在的记忆，牢牢地印在脑海里。

（8）重复记忆法

重复是学习之母，重复是同遗忘作斗争的最有力的武器之一。心理学家艾宾浩斯的遗忘规律告诉我们，遗忘是先快后慢、先多后少，因此要及时复习。艾宾浩斯还告诉我们，学习、记忆的程度如达到150%，将会使记忆得到强化，这种"过度学习"的方法，可以使学习过的内容经久不忘。重复不仅有修补、巩固记忆的作用，还有加深理解的作用。

（9）对比记忆法

它的特点是在学习新知识的同时，复习和巩固旧知识。即学习新知识时，对照联系旧知识，找出新旧知识之间的相同之处和不同之处进行记忆。在反复对照比较过程中，就加深了对旧知识的记忆和对新知识的理解，而理解之后就容易记忆了。

（10）列表记忆法

这种方法使用范围十分广泛，就是把有关材料分类集中起来，列入表中适当的位置上。往往是一张表整理出来了，条理也清楚了，内容也记住了。列表的类型比较多，常用的有一览表、系统表、关系表、

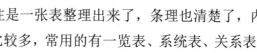

比较表等。

（11）概括记忆法

为了便于记忆，我们要把所学的东西加以归纳、概括，找出它的重点和主要内容。这种记忆法，还能培养我们的思维能力、全面分析问题的能力。

（12）"五到"记忆法

在记忆时，要做到眼、耳、口、手、脑配合使用，这样比使用单一人体器官效率高得多。其中的"手"，就是要求多动笔，因为"好记性不如烂笔头"，手脑并用，学思结合，养成"不动笔墨不读书"的好习惯，这比单纯地口读目记效果要好得多。

以上介绍了一些值得借鉴的提高记忆力的方法，当然还可以罗列出更多方法来，但既无全部罗列的必要，又无全部罗列的可能。关键还要结合自己的实际，要有强烈的求知欲望，这才可以摸索和总结出一套或几套适合自己的科学的记忆方法，有效地提高记忆力。

6. 生活中提高记忆能力的技巧

一般人发现自己容易忘东忘西、反应变慢时，先是沮丧，接着怀疑将来老了是否会得失智症。事实上，大脑皮质厚度的确会随着年纪增长逐渐下降，高科技也无法逆转神经老化死亡的自然时钟。

但只要常常用脑，就可以让大脑老得不那么快，而且愈用愈灵光，人在年轻时大脑皮质厚度差不多，聪明才智没有特别大的差异，但年纪愈大、厚度差距会愈大。

也就是说，一个82岁常用脑的人，大脑活化程度可以跟60岁的人一样。原理在于，母体中的胎儿大脑神经细胞以每分钟25万个的速度成长，出生时已具有 10^{12} 个神经细胞，出生后大脑神经不断进行修剪动作，只要获得适当刺激，大脑神经细胞即可持续活化，神经元间的分叉连结会愈来愈多，但演化机制会使得大脑主动修剪掉那些很少用或根本不用的部分。

加州大学洛城分校记忆门诊与老化中心主任斯默尔在所著《让大脑变年轻》中说，预防大脑加速老化，总比想办法修补受损脑细胞容易，对抗大脑老化永远不嫌迟也不嫌早。

与其迷信神奇的聪明药，或花大把金钱去上大脑补习班，不如试试以下十种在生活中可以简单实践的大脑体操，培养健康生活模式，在新的一年让自己的大脑更灵光。

（1）玩出创造力

即使是初学者，面对需要动脑思考、判断、布局的游戏（如桥牌、西洋棋、象棋），对于每一步也能想出十种以上的玩法。纽约市爱因斯坦医学院一项 21 年的研究发现：每星期至少玩一次游戏（如西洋棋、桥牌等）的老年人，比不玩游戏的老年人降低 50% 罹患失智症的概率。

（2）培养急速反应能力

任天堂等电动玩具、小钢珠能训练快速反应能力，并且在快速集中注意力后得到相对放松。乔治华盛顿大学神经学教授瑞司塔克建议工作空档时玩丢纸团游戏：背对垃圾桶约 2 米处，手拿纸团快速转身将纸团丢进垃圾桶。

（3）生活里创造新经验

一成不变的生活方式会扼杀脑力，杜克大学脑神经生物学教授劳伦斯·卡茨在《健脑体操 83 套：让你大脑 New 一下》中鼓励人们破除生活惯例，创造新经验。例如：挑选全新的路线上班、上学，搜寻新路上有什么声音、哪种味道、哪种风景；每天到不同的餐馆吃饭，尝新味道，让感官经验多元化。

（4）体验自助旅行的乐趣

旅行的意义在于开拓视野、感受新环境的刺激，所以出国旅行应避免参加大型旅行团或通华语的市区导览团，尽量选择自由行或自助旅行，最好能租车或搭乘大众交通工具，到当地的市集逛逛，多花一点时间在调味料或香草区，闻闻看自己未曾接触过的味道，和当地人聊天，使大脑保持能随时面对新问题的最佳状态。意想不到的挑战将使大脑神经细胞有机会发展新连结。

（5）用音乐放松心情

据说听莫扎特的音乐可以改善空间感、促进大脑逻辑发展，然而持有美国音乐治疗协会（AMTA）证照的专业音疗师徐绮苹说："所谓'莫扎特效应'是媒体断章取义和市场炒作的结果，当初主持莫扎特效应研究的学者后来表示：该项研究样本过少、研究时间太短，不能证明莫扎特音乐对于大脑发展有长期助益。"

徐绮苹认为，每个人对音乐的感受是主观的，目前音乐治疗领域并没有直接给予处方签，音乐对一般人的主要作用在于疏解压力、放松心情，每个人都有专属于自己的音乐风格。

（6）食物维持大脑健康

富含 Omega-3 脂肪酸的食物有助于脑细胞保持柔软有弹性，可降低罹患心血管疾病及中风的风险，如酪梨、油菜籽油、亚麻仁油、橄榄油、绿色叶菜类、鲑鱼、鲔鱼、鳟鱼等。

而果蔬中所含的天然抗氧化剂能保护脑细胞不受自由基侵害并能增强记忆力，如梅子、葡萄干、蓝莓、草莓、蔓越莓、菠菜、李子、青花菜、柳橙等。

（7）阅读是全脑活动

洪兰说，阅读时能带动视觉皮质，手要翻书，眼睛要动，书本上的字转成音、音储存到前脑变成意，阅读提升智能，每读一个字就会激发相关的字，因此也可以提升创造力和想象力。

（8）激活全感官经验

观察婴儿认识新事物的步骤发现，一定是动手摸、看看它，然后闻一闻、咬咬看。专家建议，激活多种感官做同一件事，加入平常少用的感官如嗅觉、触觉，避开大脑预期的模式，能建立新的神经连结地图。例如回家时闭起眼睛找电灯开关，回忆拖鞋在哪、桌椅在哪、房间的方位。洪兰带儿子去买菜时，先教他念购买清单，训练阅读语言能力；和他一起比价，训练数学计算功力；再教他辨识商品摆设的空间方位能力。

（9）运动让大脑年轻

运动会刺激天然抗忧郁荷尔蒙内啡肽的释放，减轻压力；而打球或做家事等制式工作能压抑掌管情绪的杏仁核无故发射，不让坏情绪来捣蛋。有氧运动则会促进身体新陈代谢，把氧气带到脑中。伊利诺大学脑神经科学家说，坚持每天15分钟的快走能保持良好体能状态，并能减缓脑神经细胞流失速度。

（10）留白思考

头脑体操不是让大脑累到不行。斯坦福大学研究发现，实验室动物长期暴露在压力荷尔蒙下，会使海马回记忆学习中枢有萎缩现象。

威廉姆斯学院心理学教授索罗门说，压力将使人无法集中注意力，大脑记忆能力也降低。因此，工作再忙每天都应记得留白半小时到一小时的时间整理思绪，静坐、冥想都是减压的好方法，外加多补充营养，多背书、背诗词。

7. 培养学生歌唱记忆能力的技巧

　　记忆作为一种基本心理过程是一切心理活动的基础，有着不可替代的桥梁和纽带作用。歌唱者的一切活动从简单的认识、动作到复杂的学习、歌唱，只有在记忆的基础上才可能进行。因此，歌唱记忆能力的培养和训练在声乐教学和学习的过程中起着重要的作用。

　　记忆在人类生活中占有不可缺少的重要地位。人对客观世界的反映，虽然是从感觉、知觉开始的，没有感觉与知觉就不可能获得知识与经验。但是，只有感觉、知觉而没有记忆也不能获得知识与经验。

　　人的一切经验、思想、知识和技能，都是依靠记忆在头脑中保留的结果。俄国生理学家谢切诺夫（Sechenov Ivan Nikhail lovich）说过："一切智慧的根源在于记忆，记忆是整个心理活动的基本条件。"

记忆是学习的基础

　　记忆是过去经历过的事物在人脑中的反映，它是一个复杂的心理过程，是从"记"到"忆"的过程，包括识记、保持、重现和再认四个基本环节。凡是过去经历过或学习过的任何经验，都能被人的大脑所保存，一旦在生活或工作中需要这种经验时，就能及时地呈现出来。

　　英国哲学家弗朗西斯·培根（Francis Bacon）说过："一切知识，不过是记忆。"譬如，语文学习要记住语言文字等符号，才能发挥语言文字的作用；数学学习，要记住原理与公式，才能运用无误；在音乐创作过程中，创作者往往依靠记忆广泛地从民间音乐和生活中汲取丰富的营养创作出优秀的作品。

　　这就说明，在学习中既要感知所学的内容，理解其实质，还要在头脑中加以保持，即记忆。所以说，记忆在人类学习生活中有着至关重要的作用。

记忆在歌唱学习和声乐教学中的作用

记忆是一种复杂的心理过程，歌唱方法的建立依赖这一复杂的心理活动。在声乐学习中，每个环节、每个技能、每个技巧、每个动作、每句歌词都需要记忆。有了音乐记忆，歌唱者就能在以往反映的基础上进行适当的反映。

有人曾问歌王恩里科·卡鲁索（Enrico Cavuso）："一位出色的歌唱者需要具备什么样的条件？"他说："宽阔的胸膛，大的嘴巴，90 分的记忆，10 分的才智，长期勤学苦练。"

由此可见，在声乐学习过程中，只有有了记忆才能不断地增长知识，积累经验，牢固地掌握技能、技巧和理论，否则就成了"熊瞎子掰苞米，掰一穗扔一穗"。如果没有音乐记忆，歌者每次都要重新去认识那些已经学习过的东西，那么，声乐的基本功对于这样的学生来说永远都是"新生儿"。

音乐记忆在声乐教学中的作用是巨大的。教师经常发现有些学生，在相当一段时间内，总是停留在"第一堂课"的感觉，一切都是生疏的，上一堂课讲的、做的、练习的全都忘光了。对于歌唱的技能技巧或作品中多次出错的地方，教师虽多次指出，但学生仍会反复出现错误。

正如俄国教育家乌申斯基曾经比喻说："这种情况活像个没有把货车捆扎结实的马车夫，他只顾往前赶路，也不回头看，赶回家时，只剩一辆空车，还对家人夸口说，我走了很长的路程。"这种"马车夫式"的学生在实际中比比皆是，至少在某一阶段是非常多的。这种学生记忆力差，势必影响声乐的学习。

声音技能、技巧训练的过程是一个不断记忆的过程。由于有记忆，我们不断地保存、积累歌唱的方法，同时在其他心理活动的共同作用下提高自身的歌唱水平。

演唱者在演唱实践和学习过程中，感知过的发声技能技巧、思考过的歌曲思想内容、联系过的表演动作、体验过的情感，等等，在演唱或上完课后，并不会消失得无影无踪，仍会在大脑皮层上留下某首歌曲演唱兴奋过程的痕迹，或课堂上发生的动作和感觉的印象。

当客观事物以一定的关系彼此联系地作用于人脑时，在大脑皮层上就会形成各种暂时的神经联系。暂时神经联系形成后，还需要加以强化，才能巩固。

神经联系的形成必须强化，就是一定要依赖反复练习、反复强化，才能巩固暂时神经联系，识记的东西才能得以保持。教师每节声乐课给学生留作业，就是使学生记住和掌握课上所学的知识。孔子所说的"学而时习之"就是要将知识进行强化记忆的道理。

歌唱记忆能力的培养

歌唱记忆是由"识记一保持一重现一再认"四个互相联系的基本过程组成的，每一个过程都有自己的规律。每个声乐学习者都希望在学习歌唱技能的过程中，记得多，忘得少。歌唱者更希望通过不断学习，能够永远记住歌唱的状态和方法。

教师要引导学生清醒地认识和正确地理解记忆的规律，要深入了解歌唱训练中记忆的特点并通过正确的识记、保持、重现或再认进行声乐学习。声乐学习者只有掌握记忆的规律和正确的方法，才能更好地加强自己的歌唱记忆能力，从而更加迅速地提高自己的歌唱水平。

（1）加强歌唱的识记能力

对歌唱与发声的识记是整个记忆过程的开端。初学声乐的学生要提高记忆效果必须首先进行良好的识记。

声乐学生不仅要反映出当前发声训练的刺激，还要把呼吸、咬字、共鸣位置等刺激映像保存下来，与后来的映像连接成比较系统的技术。

为了能把进行演唱活动的技能、技巧保持在头脑中，必须努力地、多次地去磨练，并把它们牢牢记住。

从识记的规律及其过程来看，声乐学习者应该明确自己的学习目的，在教师的指导和帮助下认真识记事物的规律，排除可能对歌唱识记形成干扰的因素，提高歌唱识记的准确性和正确性。

培养有意识记，注意在歌唱者感觉和知觉的基础上，多次反复体会、比较、鉴别，逐步确立稳固准确的记忆表象和记忆印象。歌唱者要积极加强对学习、训练内容的理解，深入了解识记材料的确切意义，避免机械识记，培养有意识记的良好习惯，提高训练效果，奠定坚实的基础来养成正确的记忆习惯。

有意识记不是建立在"小聪明"之上，而是建立在勤奋的基础之上，是通过良好的意志品质而实现的。例如，对于呼吸的技巧练习，学习者必须通过坚强的意志，像舞蹈演员一样每天都要进行一定时间的练习，哪怕是睡前或起床后练上十分钟，也会对识记有很大的帮助。

（2）加强歌唱的保持能力

保持是记忆过程的中心环节，是把通过识记所获的知识、经验保留在大脑中的过程，没有保持就无所谓记忆。

要想保持识记的事物，就要与遗忘作斗争。在教与学的过程中，要使学生获得巩固的知识，克服遗忘的基本方法就是让他们在识记后马上进行巩固练习。

贝多芬曾告诫他的学生："一日停止了练习，便损失了一周的功夫；一周停止练习，便损失了一个月的功夫；一个月停止练习，便损失了一年的功夫，最后便坠于不可救药的地步。"可见，为了保持巩固的识记，对于刚刚学过的东西要及时练习，否则遗忘在识记后很快就开始了。

（3）加强歌唱的再认、重现能力

就歌唱活动本身而言，重现更重于再认。对演唱或发声方法的再认速度和确定程度主要受两方面因素的影响：一是对原来的演唱或发声识记的巩固程度；二是曾经的演唱或发声与当前的演唱或发声类似的程度，以及演唱或发声出现条件的类似程度。

再认的事实越相似，事物越多，时距越长，错认现象就越严重。歌唱者要在一个相对短暂的时间内，将自己长期训练中所积累起来的点滴经验全部以艺术表现的形式准确重现，从歌曲的词、曲、音高、节奏，到各种发声方法、形体动作、音色控制、情感情绪变化等，从而完成声乐艺术的二度创作。

歌唱记忆的重现取决于识记和保持。整个重现过程要遵循重现的规律，同时还应该运用多种方法来帮助歌唱者有效地、准确地再现。歌唱者经过长期的训练，所有发声腔体的运动都处于一个自动化的过程，歌唱技能已经形成了动力定型，那么在歌唱过程中的技能再现就会显得非常简单、自如。

在培养学生音乐记忆能力的过程中，声乐教师首先要对自己学生的记忆特点有初步的了解，在遵循记忆规律的同时采取因材施教的方法，有目的地培养学生的记忆力。要加深学生对声乐学习的认识，增强他们的学习兴趣和求知欲望，在帮助他们分析和了解自己的音乐记忆品质方面的优缺点的同时，使他们克服学习中漫不经心的毛病。

笔者在教学中所教授的对象，大部分是没有声乐基础或为考大学而短期"声乐速成"的学生，他们大都对声乐学习没有明确的目的、没有正确的方法和正确的声音概念，课后练习也不认真。多数学生在没有老师指导的情况下不练习或是不知道怎么练。

笔者发现如果人为地强化他们的歌唱记忆意识，会对他们的声乐学习起到一定的作用。教学中，要求学生在听教师范唱和自己唱时注意力要高度集中，认真体会理论与实践相结合的过程。在具体教授学生发声方法时，教师会把自己的亲身体验告诉他们，让他们充分地理解歌唱器官的运动，懂得歌唱的发声原理，引导他们在理解的基础上进行记忆。

同时，还要用形象的语言来描述歌唱的感觉，让学生在歌唱时把歌唱器官的运动形象地记忆起来；在他们发声前，就强调他们注意对自己的发声进行听觉记忆和运动觉记忆，记住自己刚才所发的声音及歌唱器官的运动情况。在告知他们对错并加以改正之后，与教师的声音与自己之前所发的声音作比较，然后继续改正。

这样周而复始地练习，学生对声音有了明确的概念，学生的发声技能也会逐步得到巩固和提高。经过一段时期的训练，一部分学生在其原有的基础上有了一定的进步，并且对声乐的学习产生了浓厚的兴趣。虽然他们唱不出很优美的声音，但经过一段时间的听觉记忆训练，他们在大脑中建立了正确的声音概念，会听辨声音好坏，并且能够分析发出的声音不好的原因。

记忆是一切心理活动的基础，有着不可替代的桥梁和纽带作用。歌唱者的一切活动从简单的动作模仿到歌唱，只有在记忆的基础上才可能进行。因此，歌唱记忆能力的培养和训练在声乐教学和学习的过程中起着重要的作用。笔者希望教师和学生重视"记忆"的作用，从而更好地促进声乐教学的进步与发展。

8. 小学生记忆能力的特点

记忆的概念

（1）记忆

是人脑对经历过的事物的反映。人们过去见过的、听过的、嗅过的、尝过的、触摸过的、思考过的、体验过的对象及动作等，都可以在头脑里留下痕迹，以后还会再现或回忆出来，这都是记忆现象。从信息论的观点出发，记忆就是对信息的输入、编码、储存和提取的过程。

记忆是人们进行心理活动的基本条件，也是人们心理发展的基本条件。记忆在智力结构中占有重要地位，是智力活动的基础。人的智力结构中的诸多因素都离不开记忆，没有记忆，无论是观察、想象、思维或注意都无法进行，所以我们要加强对小学生记忆力的辅导，以提高小学生的智力水平。

（2）记忆广度

是指儿童在单位时间内所记住材料的最大数量。儿童的记忆广度随年龄的增长而不断扩大。研究表明：学前儿童和小学儿童同时识记*15*个单词，学前儿童平均只能识记*3*个到*5*个，而小学儿童平均能识记*6*个到*8*个。小学高年级儿童所能记忆的材料的数量增加较快。

（3）记忆保持时间

是指从识记材料开始到能对材料回忆之间的间隔时间。*1984*年，洪德厚对儿童记忆发展的研究结果表明：儿童记忆保持时间随着年龄的增加而延长，记忆保持时间在*8*岁、*10*岁、*12*岁有较大幅度的增长。儿童记忆保持时间的长短还受很多因素的影响。例如，儿童是否对材料感兴趣、对记忆对象的感知是否清晰、记忆对象能否引起儿童的情绪体验，以及对识记材料是否理解等。一般而言，凡是儿童感兴趣、能引起儿童强烈情绪体验的事物，以及儿童易于理解的事物记忆保持时间较长一些。小学教师在教学中应注意这些因素。

小学生记忆发展的特点

（1）有意识记逐渐占主导地位

小学生的无意识记是指没有明确目的，且不需要付出意志努力的识记；有意识记指有预定目的，并付出意志努力的识记。

小学生的无意识记和有意识记的效果会随年龄的增长而递增，有意识记的增长速度更为明显。一般来说，小学生入学时，无意识记占主导地位。随着年级的增长，有意识记效果赶上无意识记效果，最后有意识记的效果超过无意识记的效果，有意识记逐渐占主导地位。

（2）意义识记在逐步发展

从记忆方法上说，小学生意义识记正在逐步发展乃至占主导地位。一般来说，学前儿童和低年级小学生主要采取机械识记的方法，中高年级小学生比较多地采用意义识记的方法。

小学低年级的学生由于知识经验比较贫乏，抽象逻辑思维欠缺，对学习材料不易理解，也不会进行信息加工，因而在学习功课时较多地运用机械识记。到了中高年级，由于他们知识经验日益丰富，抽象逻辑思维不断发展，在学习活动中运用意义识记的比例逐渐增大。

（3）抽象记忆迅速发展

从识记的内容上说，小学生在形象记忆的基础上，对词的抽象记忆也在迅速发展。小学低年级学生，由于第一信号系统活动占优势，在头脑中和第一信号系统相联系的事物的具体形象更容易被记住。

到了中高年级，学生掌握的语词量不断增加，第二信号系统的活动逐渐占优势，所学课本的内容大多是些抽象的词、数字或符号，所以他们的抽象记忆也渐渐地占主导地位。但对小学生来说，他们在记忆抽象的材料时，主要还是以事物的具体形象为基础，即形象记忆仍起着重要作用。

（4）瞬时记忆和长时记忆的发展

当客观刺激停止使用后，感觉信息在极短的时间内保存下来，这种记忆叫瞬时记忆或感觉记忆，它是记忆系统的开始阶段。瞬时记忆的储存时间大约为 0.25 秒到 2 秒。如果这些感觉信息进一步受注意，则进入短时记忆。短时记忆的保持时间为 5 秒到 2 分钟。一般认为，成人短时记忆的容量为 7 ± 2 个组块。

长时记忆是指信息经过深度加工后，在头脑中长时间保留下来，储存时间从 1 分钟以上到许多年，甚至终生不忘，容量没有限度。由此可见，这三种记忆在保持时间和记忆容量方面存在着本质的差异。

（5）小学生记忆能力的发展

小学生记忆能力的发展主要表现在再认和回忆等方面。

①再认。当过去经历过的事物再次呈现时仍能被认识，即称为再认。测查小学生再认能力的一般模式是：先给被试者呈现一组刺激物，然后再呈现一组更多的刺激物，要求被试者辨认哪些是曾经看过的刺激物，哪些是新的刺激物。

应用这种方法，德克斯等曾给小学一年级、三年级、六年级的学生出示一大堆玩具，然后拿走一部分玩具，又加入一部分玩具，要求被试者说出这堆玩具有什么变化。结果发现：再认能力随年龄的增长而发展。

同时，他们具体研究了小学生在特定情景下再认能力的年龄差异。他们给小学 1 年级、3 年级、5 年级的儿童出示一些画有多种家具的照片，每个年级的被试者分为两组。

第一组被试者看到的家具照片的摆放与真实生活情景相似，第二组被试者看到的家具照片的摆放是随机的，与真实生活情景有差别。结果发现，第二组被试者的再认成绩则随年龄的增长，再认能力增强。

这说明年长儿童比年幼儿童更善于利用自己已有的知识经验去指导当前的记忆活动。霍克斯等人的研究也证实了这一点。

②回忆。回忆是指过去经历过的事物不在面前而在头脑中再次重现并加以确认的过程。由于回忆不存在原有刺激物的提示作用，因此回忆比再认更为困难。

回忆分为两类，一类是线索回忆，指回忆有某种较为具体的外在线索的帮助；另一类是自由回忆，指回忆的线索较为笼统或抽象。

一般来说，小学生回忆能力随年龄的增长而提高，对外在线索的依赖性也越来越小。

9. 小学生记忆的元认知特点

小学生元认知知识的内容

（1）有关自我的知识

关于记忆的自我的知识是指主体对自我记忆的认识与了解。这种知识随年龄而变化，约翰·弗拉维尔（John Hurley Flavell）的实验是要求被试者预言自己能够回忆出研究任务中所给出的图画的数量，然后测出被试者实际上的记忆结果。

研究结果表明，儿童关于记忆的自我知识是随年龄增长而发展的，幼儿的估计远高于真实结果，学龄初期儿童对自己记忆的预言逐渐接近实际，四年级之后的认识基本上达到了成人水平。

（2）关于记忆任务的知识

关于记忆任务的知识是指个体对记忆材料的难度和不同记忆反应难度差异的认识。研究结果表明：幼儿已经认识到记忆材料的熟悉性和数量是影响记忆的因素。

但是，他们的认识具有明显的直观性，小学中年级儿童大致在 9 岁以后，就能够进一步认识到记忆材料之间的关系、材料与时间之间的关系也会影响记忆的效果。

关于再认和回忆两种记忆反应的难易程度的认识，也随年龄增长而提高。有一半以上幼儿认为再认和回忆难易程度一样，小学一年级儿童就有一半以上认识到再认比回忆容易，且能证明其答案的合理性。

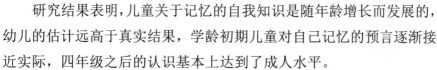

（3）关于记忆策略的知识

小学儿童逐渐掌握了一些改善记忆的方法。有的研究表明：二年级儿童已经认识到复述和分类都是记忆的有效策略，五六年级儿童已经能够经常主动地运用分类策略进行记忆。

（4）记忆监控

记忆监控是指主体在记忆活动过程中，将自己的记忆活动作为意识对象，不断自觉地对其进行积极地监视、控制和调节。研究表明：小学一年级儿童还缺乏对自己的记忆活动进行有效监控的能力，但小学三年级儿童的记忆监控能力已有明显提高，甚至在有的方面已经接近大学生的水平。

思维发展的特点

童年期的思维处于具体运算阶段。童年期的思维获得飞跃发展，其基本特征在于：逻辑思维迅速发展，以形象逻辑思维为主，在发展过程中完成从形象逻辑思维向抽象逻辑思维的过渡。这种过渡要经历一个演变过程，从而构成童年期儿童思维发展的特点。

（1）经历一个思维发展的质变过程

幼儿期以具体形象思维为主导，经过童年期就进入以形象逻辑思维为主导的阶段，这种转变是思维发展过程的质的变化。

（2）不能摆脱形象性的逻辑思维

童年期的逻辑思维在很大程度上受思维具体形象性的束缚，尤其是小学低年级或三年级以下儿童，他们的逻辑推理需要依靠具体形象的支持，甚至要借助直观来理解抽象概念。

（3）10 岁左右是思维转折期

在整个童年期儿童思维发展存在着不平衡现象，也存在着具有关键性的转折年龄。一般认为，这个转折年龄在 10 岁左右，即小学四年级，也有研究指出这个重要阶段的出现具有伸缩性。根据教学条件，可以提前到三年级或者延缓到五年级。

思维形式的发展特点

思维形式是指思维的逻辑形式，发展心理学研究儿童思维形式的发展是为了揭示思维发展的规律性。这里，主要谈儿童概括能力的发展和推理能力的发展。

（1）概括能力的发展

小学儿童概括能力的发展从对事物的外部感性特征的概括，逐渐转为对事物的本质属性的概括。小学儿童的概括水平可以按如下三个阶段划分。

①直观形象水平。直观形象水平的概括是指所概括的事物特征或属性是事物的外表的直观形象特征。小学低年级儿童，7～8岁儿童的概括能力主要处于这一水平。

②形象抽象水平。形象抽象水平的概括是指所概括的特征或属性既有外部的直观形象特征，又有内部的本质特征。就其发展趋势而言，直观形象特征的成分逐渐减少，内在本质特征的成分逐渐增多。小学中年级，8～10岁儿童的概括能力主要处于这一概括水平，这一水平是从形象水平向抽象水平的过渡形态。

③初步本质抽象水平。初步本质抽象水平的概括，是指所概括的特征或属性是以事物的本质特征和内在联系为主，初步地接近科学概括。

概括水平是儿童掌握概念的直接前提，儿童掌握概念水平的高低，取决于他们概括水平的高低。随着概括水平的提高，童年期儿童掌握的概念及概念的性质逐渐从事物的直观属性中解脱出来，开始以事物的本质属性为基础，形成正确的概念。

（2）推理能力的发展

推理是由一个判断或几个判断推出另一个新的判断的思维形式。

它是间接认识的必要手段，大致可以分为以下两点：

①演绎推理能力的发展。已有的研究将童年期儿童演绎推理能力的发展分为三种水平：第一，小学低年级的水平是运用简单概念对直接感知的事实进行简单的演绎推理；第二，小学中年级的水平是除能用概念对直接感知的事实进行推理外，还能对用言语表述的事实进行演绎推理；第三，小学高年级的水平是能自觉地运用演绎推理解决抽象问题。

②归纳推理能力的发展。利用概括词语的方法对小学二至五年级儿童进行归纳概括能力的研究，小学儿童归纳推理的能力随年龄增长而提高。材料中包含的因素越多，归纳的难度越大，需要归纳概括的意义单位达到 3 个时，二年级有约 50%，的儿童能正确完成，三、四年级正确完成的人数比率约为 60%，五年级这一比率达到 80%。在发展的速度方面，三、四年级归纳能力发展缓慢，四、五年级是发展的一个转折点。

小学生记忆的元认知意义

（1）学生主体性意识增强

①学生的元认知技能水平普遍提高。学生在学习过程中普遍显得主动，思维活跃，提问的积极性较高并显示出一定的深刻性，往往使得教师难以给予合理的解答；分析问题、解决问题的方法多样，思路有条理，较清晰；善于评价自己的学习情况并进行适当的调控。

②学生的学科成绩普遍较高，学生元认知技能水平的发展必定促进其学习成绩的提高。

③促进了学生全面素质的提高，促进学生主体性与主动性的发展，而认知过程的主体性与主动性一旦形成和发展，必然会突破认知领域而迁移到其他领域。目前，"爱学、乐学、会学"已成为班级的特色，并在各方面均取得了很大的成绩。

（2）教师的能力明显增强

教师的教学理论水平、教学理论应用于教学实践的能力、教学各环节的调控能力、教育科研的意识和能力、总结和完善个人教学经验的能力均有较大幅度提高，并进而形成具有自己特色的教学风格。

（3）学校的综合办学水平得到提高

特别是以通过提高学生学习自我监控能力为核心的教学作为教学方针，师资水平和教育质量逐年提高，从而促进了学校办学综合水平的大幅度提升。

10. 提高小学生记忆能力的方法

记忆作为一种学习策略，在学生的学习中具有极为重要的作用。记忆方法是可以通过训练让学生掌握的。在团体心理辅导中，通过渐进式情境的创设，对学生进行视觉、听觉及多种感官的整合训练使其掌握记忆的方法，并在学科教学中运用记忆策略，对于激发学生的学习兴趣、提高学习效率是可行而有效的。

问题的提出

儿童时期是身心发展的特殊时期，由于环境的变化，以及活动重心由游戏向学习的转移，他们容易在学习、生活和人际交往中产生各种心理问题，进而表现出行为偏差。这种行为偏差不能简单地以道德标准来评价，在很大程度上属于心理问题的范畴。

其形成原因主要是刚入学的儿童在心理上还带有幼儿的特点，心理活动以冲动性和不稳定性为主要特征，其内在的心理发展水平和外在的学习环境要求之间存在较大差距。如何帮助学生掌握一定的认知策略，使其尽快适应学习生活，是需要研究与探讨的重要课题。

　　记忆是人脑积累知识经验的一种功能，有"心灵的仓库"之美称。18世纪法国启蒙思想家德尼·狄德罗（Denis Diderot）等百科全书派，曾制订了一幅"人类知识体系图表"，把人类知识分为记忆、理性和想象三类，在理性部分的逻辑学中还明确写上"记忆术"的条目。

　　19世纪末，德国心理学家艾宾浩斯开创了对记忆的实验研究，并发现了保持和遗忘的规律。此后人们对记忆的研究多受艾宾浩斯的影响，除对记忆广度的研究外，均属长时记忆研究。

　　20世纪50年代末期，随着信息科学的发展和计算机技术的应用，心理学家运用新颖而巧妙的方法探求记忆在头脑中的进行过程，提出了许多有创造性的假设和理论。当前对记忆的研究已远远超出传统的实验心理学的范围，形成多学科联合攻关的领域。

　　学习是一个由少到多、由浅入深、由简单到复杂的循序渐进的过程，学习新知识离不开记忆，智力活动离不开记忆，提高学习效率也离不开记忆。

　　由此可见，记忆在学生的学习生活中具有极为重要的作用，它是学习的重要前提和基础。记忆对学习如此重要，是否能通过训练来提高学生的记忆力呢？

　　学习策略是近二三十年来开辟的一个新的研究领域，它使人们认识到学校教育不能只关心学生是否获得了预期的知识经验，还必须关心学生学习的策略和技巧并适时地加以运用，才能使其提高学习效率，才能使其在离开学校时成为独立的学习者而终生受益。

　　学习策略从不同的角度可以划分为不同的种类，从学习活动的心理过程看，学习策略可以分为注意策略、记忆策略、思维策略、情感策略等；从学习活动的任务性质来看，学习策略可以分为识记策略、阅读理解策略、问题求解策略等。

总之，学习策略名目繁多，但概括起来是认知策略、元认知策略和学习技巧。所以，帮助学生掌握学习的技巧与策略，培养学生良好的学习习惯是提高学生学习效率的重要途径。

研究证明：个体的记忆策略是不断发展的。弗拉维尔及其同事通过研究得出结论说：个体记忆策略的发展可以分为三个阶段：一是没有策略；二是不能主动应用策略，但经过诱导，能够应用策略；三是能够主动、自觉地采用策略。

一般来讲，6岁以前的儿童基本上不会自发地使用策略来帮助记忆，8岁左右的儿童处于过渡期，10岁以上的儿童基本上能自发地运用一定的策略来帮助记忆。

记忆，无论是作为学习的习惯还是学习的策略，与其他能力一样，都是在发展中教育、在教育中发展的，通过训练可以缩短"会学"的进程。那么学校应该如何训练学生掌握学习策略呢？心理学家对此看法很不一致。

一些心理学家认为学习策略可以脱离教学内容而单独训练，而另一些人则认为学习策略应该与教材内容相结合才能产生最佳的学习效果，这种观点目前越来越得到大多数人的认可。

概念的界定

记忆策略是认知活动的一种特殊形式，是指经过主观努力，在一定的目标指导下，用以提高记忆成绩所采取的各种措施。记忆作为学习策略，特指对课堂教学内容回忆保持和再认的能力。记忆策略训练从个性心理特征的角度，指认知策略与识记方法的训练，从行为特征的角度，指记忆习惯的养成。

小学生记忆力培养

（1）丰富学生的生活环境

有生活经历才有记忆，有的年龄很小的孩子，由于"见多识广"，能记住和讲出很多见闻。

（2）学生明确识记任务

（3）培养学生学习的兴趣

（4）增强孩子记忆的信心

（5）指导孩子记忆的方法

记忆的方法很多，教师要教会小学生一些常用的记忆方法来发展他们的记忆力。常用的记忆方法主要有直观形象记忆法、歌诀记忆法、特征记忆法、谐音记忆法、归类记忆法、重点记忆法、联想记忆法、推导记忆法、图表记忆法等。具体介绍以下几种。

①倒数数字。教师念一组数字,学生按相反的顺序背诵出来,比如,教师念 5879,同学们说 9785。

②穿插挑选。教师依次念下列每组数字和汉字，每隔一秒钟念一个。每念完一组，要求学生只能按数字顺序回忆出来，而不能回忆汉字。例如，教师念"家 -4- 水 -3- 风"，学生念"4-3"。

③进行谐音记忆法训练。谐音法可把枯燥乏味的数字变为有意义的语言。比如，将"π"（3.1415926535897……）编成故事："山巅一寺一壶酒，尔乐苦煞吾，把酒吃……"

④奇特联想记忆法。奇特联想记忆法可以把生活中容易遗忘的事物联系起来，便于记住。比如，气球、天空、导弹、苹果、小狗、闪电、街道、柳树八个词，可以用此方法把它们联系在一起：我被气球吊上天空，骑在一颗飞来的导弹上，导弹射出了一个苹果掉在小狗的头上，小狗受惊后像一道闪电似地奔跑，穿过街道，撞在柳树上，晕了。这样把八个毫不相干的词就记住了。

⑤口诀记忆法。例如，我们对一些容易混淆的字也可以编成口诀，帮助分辨："己、己、巳"几个字容易混淆，可以编成这样的口诀："张口'己'，闭口'巳'，半张不张是个'已'"。

⑥直观形象记忆法。例如，"明"字，教师说："太阳和月亮放在一起多么明亮呀！"

⑦重复印象。为使要记住的事物在孩子头脑里形成深刻、清晰的印象，让他一遍又一遍反复地听或诵读，这是一种简便易行、行之有效的记忆方法。比如，反复听同一个故事，多次到一个游乐场所游戏，在活动过程中加以必要的引导，如让他讲故事、让他指路、背着说出游乐器械的特点等，可以强化记忆。

⑧多感官参与。在认识事物时，让学生尽可能动用多个感官共同参与，可以使他的头脑中留下的印象更全面、更清晰，有助于记忆内容准确、保持时间长。比如背唐诗，让他能边听边说，边看着图还能用手指一指。

⑨应用巩固。获得任何知识技能后，如果没有练习的机会，都会被逐渐忘掉。让学生记忆知识、经验，一定要给他机会，鼓励他应用到生活活动中，以求"熟能生巧"，孩子会加深有关知识经验的印象和理解，提高记忆的准确度，延长记忆时间，需要时能迅速轻松地提取，提高记忆效果。

（6）让学生掌握记忆规律

根据艾宾浩斯遗忘规律，一般来说，刚学过的东西要多复习，以后的次数可逐渐减少，间隔时间可逐渐拉长。

（7）帮助学生找出最佳的记忆时间

每个人的最佳记忆时间是不一样的，一般来说，早晨和晚上睡觉之前是记忆效果比较好的时间。帮助学生找出最佳的记忆时间，可以有效地提高学生的记忆效率。

11. 小学生记忆元认知的培养方法

元认知的指导原则

由于元认知学习在每个人的工作过程中不尽相同，每个人有每个人自己的执行步骤和特点。所以在涉及对学生进行这种学习方法的指导时，我们应该明确反省自控学习法是一个多源头、多层次的方法体系，其具体的指导工作也是一个工程体系。这里根据小学生学习特点择要作部分介绍说明。

（1）建立学习常规指导

学习常规乍看起来与反省自控学习全无关系，然而依据儿童的自我意识的发展是从无到有、从模糊到逐渐清晰、从不完善到逐渐完善的特性，小学生的反省自控学习首先是建立在学习常规的基础之上的。

小学生在建立"自我"概念之前，常常以"他我"作为中介。从某种程度上来说，常规亦是小学生自我发展的一种"他我"，以学习常规作为学习者的自我评价的标尺，以促使学生逐渐内化并纳入自我意识范畴。

小学生的学习常规体系是一个十分细琐的学习起点目标体系，它包括学生学习生活各个方面的要求。从时间维度看，要求学生定时安排自己的生活起居、安排作息和学习，比如可以要求学生按时起床、按时睡觉、临睡前要准备好第二天的学习用品、总结一天的学习、上学前再检查一遍学习用品等。

从任务内容看，有课堂学习常规，如要勤思考、多发言，集中注意不分心等；有作业常规，作业的格式和作业的程序、写字的坐姿和握笔姿势等；有预、复习常规，如何写学习提纲、如何检查自己的作业等。

常规虽具有一定的"钢"性，但教师要善于把这种"钢"化为"柔"，以形成学生自觉的内在要求。其要旨有如下几点。

①分解目标要求。要根据学生的身心发展特点，从最简单易行的常规开始，每一年段安排一定的目标要求，不求一步到位。

②重点引路，全面推动。由于学生的各个个性特点不同，有些常规对某些学生的作用不是太大，有些学生则受益匪浅。教师要善于发现"重点"，在个别获得较大效益的基础上，以"重点"引路，进行全面推进。

③多强化多检查巩固。一般情况下，常规初始践行的阶段比较好，可是时间一长，学生就会感到不胜其负担，教师要注意其反复性，经常通过活动检查巩固，一抓到底，以让学生形成自动化习惯。

④常规艺术化教育。可以把小学生的学习常规编成歌诀、小品对学生进行教育，以增强其艺术感染力，并便于学生记忆执行。

（2）学习方法课程指导

学习方法课程，简单地说包括学科教材特点的学习方法课程和一般学习策略学习方法课程两种。

学科教材特点学习法作为独立的课程体系，它在世界各国各地还在刚刚起步中。这一方面在于各国各地的教材不尽相同。随着时间的流逝，各国各地的教材还在不断地变更中，而学科教材特点的学习方法往往交融在具体的教材中，它既有诸如数学、语言、常识等科目的一般学习方法，又有深入教材的具体课、章、单元、节，乃至每一个句子、每一个词汇、每一道题目的特殊学习法，它需要教师进行极其细致的学习方法指导研究。

另一方面，在这时间差中，我们的学科教育学尚未成熟，又没有一支稳固的学科教育学研究队伍,这导致学科教材学习法研究滞后。

至于学习策略,是指在学习过程中用以提高学习效率的任何活动。它包括注意的策略、记忆术、建立新旧知识联系、建立新知识内部联系、思维的策略、心象法、做笔记、在书上画线做标记加评注等,是促进学习的一切活动,它是一般的学习智慧技能。

在我国有一些学校已开始了这种学习策略的指导尝试,有的作为单列课程与语、数等学科课程并列,每周安排一定的时间量,把它称之为"学习技能课"或"思维训练课";有的学校则把它编成学生自我阅读手册,指导学生进行自我训练;还有的则是不定时结合具体学科教材进行学习策略的教学渗透。

进行学习方法课程指导是开展反省自控学习的一个重要步骤和基础。执教者在对学生进行这方面课程指导时,要钻深、钻透教材。不仅要知其然,而且要力求知其所以然;既要把握住教学内容的科学性,又要善于把理论转化成最简约通俗的言语,使学生很快地把握课程的精髓要义;还要求教师积极收集近期有关学习方法课程的研究新成果,不断充实完善教材体系,使其走向成熟。

(3)"三自"学习指导

"三自"学习指导指的是学习者对自己的学习进行自我反省、自我调节、自我控制的学习指导。

许多心理学家把它划归在认知策略的范畴之中,其实质是学习者依据自身学习特点、水平和风格支配自己的心智、技能以完成学习任务的策略技术。它是学生进行反省自控学习的关键和核心部分。

①自我反省。自我反省包括学习者对自我学习活动进行自我观察、自我反检和自我评价,是学习者对自己在学习活动中所表现的学习风格、特点、水平和学习环境适应能力的认识。其活动一般与学习活动过程同步,或者在一定学习活动之后。

自我观察常常是学习者在自我学习活动过程中，着重观察自己的个性状态、心理反应、思维方式、记忆质量等。由于小学生的自我意识和能力尚未成熟，我们在要求小学生做自我观察时要进行观察记录。

一般说来，一次观察的项目不宜过多，可以由简至繁逐渐提高其要求，例如，可以让学生试验自己的记忆力，然后确定自己一般要通过几次重复才能完全背诵；观察自己的智力高峰期，可以通过不同时间的学习效果来确定。

自我反检一般是在一定学习活动量之后，这个量不必像反省自控整个活动过程那样，需要学生有一定的学习基础，而是指一堂课乃至于一项学习任务，简单到一个问题的解决，是对一定的学习效果进行反审检查。

一种方法是回忆法，指的是学习者通过内隐语言来检查自己在一轮学习活动中的得失成因情况。这种方法简单易行，可以在课的间隙中，也可以在其它的休息娱乐活动的间隙中进行，但这易被小学生所疏忽。

另一种方法便是作业反检法，包括学生对自己的课堂作业、回家作业、阶段测验、考试等的自我反审。这种反审可以是口头的，也可以是书面的，通过这种显性的学习活动效果检查，可以提高小学生的自我反省能力。

在作业效果反检的过程中，对小学生反检内容一般可以有这样几项：

我的预习工作和学习常规好吗？

上课时我能集中注意听讲吗？

我能跟着老师的要求思考问题吗？

我做作业是否大意粗心？

对于学习任务我是否常常是课上懂，课后忘？

作业审题正确吗？

思维方式正确吗？

我的身体状况是否影响了学习？

我的学习环境对我有利吗？

当然这种自我反检比较简单，很难对自我学习作出客观评价和判断。一般说来，学生的自我评价应该通过多次作业的自我反检，然后作出自己的对策措施；同时，还可以把个人学习效果检查放到群体学习效果中去比较，这样就能作出比较客观的评价了。

自我评价的另一种方式则是通过一些智能和非智能的科学测试手段来进行。其项目有个性测试、认知风格测试、认知特点测试、学习能力测试等。这类测试常常由一定科学权威的测试中心提供样卷和评价常模，依照一定的严格规程进行。

至于智力分数，一般说来是不被允许告诉给学习者本人的。这是由于智力测试的评价研究未成熟，把智力分数告诉给学生易使学生产生负效应。心理学家发现：人的个性与其行为的思维方式有很大的相关性，对学习者的学业成绩有一定的影响。还有，认知风格、认知特点等不仅同个性有关，而且与学生的情感动机特征也有很大的关联。

施良方在中国科学技术出版社出版的《学生认知与优化教学》一书中介绍了与学习成绩相关较大的几种认知风格有：一是场依存和场独立；二是整体性策略与系列性策略；三是求异思维与求同思维；四是冲动型思维与反省型思维；五是内倾与外倾。

从几种认知风格自身来看，其自身无所谓好，也无所谓坏，但当学习者了解了自我的认知风格特点后，有利于学习者扬长克短，改善自我特性，提高自己的学习效益。

②自我调节。自我调节是继自我反省之后的反省自控学习技能

的中间环节，也是一项重要的步骤。自我反省的目的在于为自我调节找到逻辑依据，而自我控制则必须在自我调节的基础上进行。

当学习者在自我评价获得结论时，便需要找出适合自己个性特点的调节策略。策略有涉及人的身心领域的，也有深入某一项具体的学习任务乃至具体问题的解决策略上的，就某个问题如何改变自己的思维方式来解决问题。

上述的五种认知风格对具体学生而言，其调整方法往往用的是相辅法，即通过增强一极的长处来补益自己这方面的认知缺陷。

比如，某生根据测试定性为内倾的场依存者，在认知策略选择上近乎系列性策略、求异反省型思维。其特点是较易接受别人的暗示，倾向于深思慢行，逐个解决问题，解决问题的方法新颖独特，做事细致工巧。

对于此类学生的自我调节指导，首先应给予他充分的信任和关怀，相信他能完成好自己的学习任务；其次则要注意加强他的自我内在动机激发，使他逐渐摆脱外来因素的影响，以形成正确的学习价值观；再次，在设立问题时，既要让学生找到自己思维的逻辑顺序，还要引导他从宏观的角度看问题的总体，看到问题的前后景象，从而了解问题各要素之间的相互关系；此外，则要注意其常规训练，要尽量使他的学习行为在最短的时间里取得最佳的成绩；还要努力培训他的个性品质，使其能直面挫折，并在挫折面前保持乐观的心境。

除相辅法外，我们对学生进行自我调节的指导更多的是在性格方面的陶冶。对于冲动型的学生应该要求他们学习做些精细而持久的工作，如书法、针线、钓鱼、制作、演奏等，可以锻炼他们的沉着和耐心的品质。

对于反省型思维的学生则可以通过体育锻炼法、大自然陶冶法来扩展他们的心胸，有时甚至要让他们学会冒险、学会放弃一些自己所珍爱的东西。还有的是环境陶冶法，我们可以要求外倾型的学生置于一个安静素雅的环境中生活，家居颜色用天蓝、绿色来布置，而内倾者则应尽量把环境营造得热烈些，以利于改变心境，从而改善思维品质。气功、瑜伽术、呼吸法也常常被认为是可行的心理操作法。

自我调节是反省自控学习法的核心部分，也是反省自控学习获得成效的关键所在。

③自我控制。自我控制指的是学生在自我调节定向之后并进行自我把握，促使自己不断改善自身的学习能力和人生品格，从而指向完成学习任务的一种学习活动的心智技能。这里涉及每个人对自我动机水平的控制和学习心向的把握，并涉及人的意志力，以走向人的自我完善。

学习心理学家约翰·比格斯（John Biggs）认为："学生的动机如何，决定他们选择什么策略，决定他们使用这些策略的效果。"但耶克斯 - 多德森定律认为："学习动机水平应该适中，过强的动机水平容易使人产生焦虑，而动机不足则难以取得活动成效。学习者应该善于控制自己的动机水平。"

自我心向的把握则是学习者的自我心理调节后的心理定位。它包括学习兴趣、需要、态度、志向等。具体涉及：我为什么要学习？我应该持什么态度学习？我能在学习中得到什么？正确的心理定向，会使人增强自我完善的意志，不断克服困难，走向学习的成功。

自我反省、自我调节、自我控制的目的是走向自我完善。自我完善并非是一个简单的学习概念，它要求学习者必须从单纯的考试分数中跳出来，从为个人私利而学习转变到为社会公众利益而学习，为终身学习打下基础。只有这样才能真正使学习者自觉走向反省自控，以取得学习的最高效益。

"三自"学习指导是一种全个体的因材施教的学习指导。在班级教学过程中，给教师带来的必然是工作量的增加和工作能力要求的提高。教师首先要排除自身的怕"麻烦"心理，以朋友的角色努力走进学生的心灵世界，越过"现象"看到学生的思想行为实质，给学生以最有效的帮助。

总之，元认知是一个多层次、多源头的方法体系，因而其指导的方式、途径、手段也必然是多样的。这种指导可以通过学校教育、家庭教育、社区教育相结合，独立学科课程和学科渗透课程、自我训练课程结合，学科活动和班队活动、自我教育活动结合，以及宏观监控与微观谐调结合的办法进行。

小学生记忆元认知的培养策略

（1）传授必要的学习方法

要让学生学会学习，真正成为学习活动的主体，必须首先掌握必要的学习策略。学习策略是指执行和监控自己的学习过程，根据学习情境的各种变量而选择的最优学习方式、方法的内部组织技能。

在我国，以学法指导为重点的学习指导工作已在许多中小学广泛开展，部分学校还开展了有关的实验探索，初步形成了指导教学模式。

我们在充分借鉴和吸收国内外现有有关单项学习策略教程和指导模式的有效经验基础上，从小学中年级学生的年龄特点和学习状况出发，把传授学习方法知识的重点放在以下几点。

①通用性的学习方法。指适用于绝大多数学科学习的一些学习方法，如制定阶段性学习计划与每天大致的作息时间。从学习程序上说有预习方法、听课方法、作业与复习方法、纠正作业错误方法等。

②学科性的学习方法。指主要适用学科学习的一些特殊方法，如在语文学习中，有理解生字（词）的方法（查字典、上下文联系、字形分析、生活经验解释等）、阅读方法（归纳中心、题意分析、中心与材料的联系、段意概括、关键句的理解、关键词在文中的作用等）、

作文方法（审题、组织与选择材料、结构安排、修辞造句、修改等）。在数学学习中，有数学运算、应用题分析、算理分析、结果验算等方法。

③影响学习效果的主要因素。我们向学生介绍影响个体学习成绩的一些客观因素，主要有：以前的知识基础，如有不足，应尽快弥补；主观努力程度，特别是应高质量地完成教师布置的作业；良好的学习方法与习惯；相对独立的家庭学习环境，至少是无外界干扰；你追我赶的班级学习竞争气氛；相信一定能把学习搞上去的自信心；等等。

（2）加强自我提问训练

理学研究表明：小学生的自我评价能力尚处于较低水平。在元认知技能中，个体的自我评价在掌握和应用学习方法知识与学习监控中起着中介和桥梁作用。没有自我评价，就不可能有自我监控，更难以自我调节。为此，提高学生对学习活动的自我评价能力是一个重点培养环节。

①教育学生善于接纳他人的评价。个体的自我评价往往以他人对其的评价结论作为对照，其中教师的评价更具权威性。为此，教师应当在教学过程中经常给学生提供反馈机会，尽量创设一种师生之间、学生之间良好互动的环境，每个人都可以评价他人的学习方法与策略，也可以为他人所评价，即形成一种表达、演示和练习认知及元认知策略的学习环境。

更重要的是，教师还应当有意识地帮助和引导学生，将以教师为主的外部反馈转化为学生自己的内部反馈，并逐渐成为一种动力定型，即一种良好的学习习惯。

②引导学生由"评价他人"逐步转向"评价自己"。学生评价能力的发展规律之一是评价他人的水平高于评价自己的水平，并在评价他人中发展了自我评价能力。

为此，我们对学生在课堂上评价他人提出了一系列的要求：第一，对他人的课堂回答不能简单地以结果的"对"或"错"作为评价内容，更应注重其思考问题的思路正确与否；第二，对"错"的回答，要指出错在哪个环节上，是什么原因造成的；第三，想一想，自己的思路与该同学是否一致；第四，当他人提出比自己更佳的解题方法时，反省自己的思路在哪里出了问题，以后应该如何避免。上述要求的训练，主要在学生内心中进行。

③自我提问训练法。这种方法是在学习活动以前、中间和以后的整个过程中不断向自己发问，就学习的各种变量及学习过程中的种种问题和认知结果进行自我反省，以更好地把握进程，顺利地达到目标。

我们借鉴美国教育家加罗弗罗的"数学解题元认知训练项目"，自编了一套共二十几道的训练题，供学生自我提问。比如，想一想当你解答问题时所做的每一步过程，为什么你要做这些过程？这些训练题是结合教学过程，在适当的时机里选择若干题，请学生思考。

由于课内时间有限，让大多学生进行课内回答是不现实的，故一般要求学生把自己思考的结果写在当日的学习日记内。

④进行阶段性省思。学习自我监控技能不仅仅适用于当前正在进行的认知活动,对以前曾发生过的认知活动予以充分的评价与反思，并进而改善目前以及将来的认知活动，也是学习自控技能训练的一个重要环节。

为此，要求教师在每一单元结束后或学期中、期末，向学生提供一组操作性较强的反思题，让学生对自己前一阶段的学习活动进行反思。

（3）发展学生认知控制能力

学生对自己思路过程是否清晰，既是学生自我评价能力高低的一个重要标志,又是能否对自己的认知活动进行有效调控的主要前提,为此,我们引入了思路教学,旨在发展学生的认知调控能力。

①目标引路。针对学生习惯于用不求甚解的态度去完成作业和课堂提问的现状,在教学过程中教师应当强化学生的目标意识,用目标去激励学生解题作答的自主性。

②创设良好的思维情境。在学科教学中,创设良好的思维情境应注意以下几点。

第一,创设"小步距"问题情境,即问题情境的设置要有层次、分阶段、有步骤地进行。

第二,创设"变式"和"矛盾式"问题情境,注意问题的发散性、延伸性,即问题情境要变式综合,灵活应用,让问题情境充满矛盾,从而有充分的余地让学生揭示矛盾,主动思考、主动反馈。

第三,创设"精而有效"的问题情境,注意策略性,即问题情境应当讲求效益,切忌"泛"而"杂",使每一个问题总能引导学生灵活地运用某一种新策略并从中有所启示,有助于迁移、有助于对策略性知识和手段的掌握。

第四,创设"自求探索性"的问题情境,即注意问题情境的延伸性,使课堂真正地活跃起来,激发学生自求问题解决的积极性、自觉性。

③鼓励质疑问难。由于自我评价能力有限,教材的掌握未能深入知识的内在结构之中。所以,引导学生"不满足于看得懂,还要能多问几个为什么,并想方设法加以理解"成为教师的主要教学策略之一。具体引入的是"质疑式"教学法,即要求学生尽可能多地提出与课文内容有关的各种各样的问题,并通过师生共同讨论予以解决。

④引入尝试教学法。尝试教学法的基本特征是"先试后导,先练后讲",把学生推到真正的主体地位。其中的"先试""先练"就是让学生先试一试,其实质在于运用迁移规律,对先前的知识结构进行

改组，结合新学知识进行重新组合，形成能容纳新知识的更高一级的新知识结构，属于认知范畴。

"后导""后讲"的目的在于对学生的认知活动进行再认识，促进学生及时地调控自己的认知活动，并相应地采取一些正确的措施和策略进行有效的解题，属于元认知范畴。尝试教学法大致可分为准备、尝试（中间五步）、引伸三个阶段。这三个阶段均可从不同侧面训练学生的元认知技能。

⑤自我检查与自我批改。学生肯不肯、会不会主动地进行自我检查，是他们有没有学会学习的标志之一。掌握自我检查的方法，养成自我检查的习惯，是优秀生的特点之一。

为此，在教学过程中，特别是课堂练习、课外作业及作文训练中要求学生必须按一定程序和方法进行自我检查，在课堂时间充分的情况下进行自我批改。其训练的程序如下：

第一，教给学生一套自我检查的方法。

第二，批改他人作业，不是简单地看答案的对与错，更应审查解题思路的正确与否。

第三，自我批改。

第四，对于自己能检查出差错并加以修正的学生给予表扬和奖励。

（4）日记是训练元认知技能的有效形式

课堂教学是进行小学生训练的主要途径，但由于教学内容、学习任务，特别是教学时间的限制，再加上自我评价、自我调控、自我检查及相应的讨论花时间较多，因此应从四年级第二学期开始，教师要尝试让学生每天记学习日记，把学习自控能力训练延伸到课外、校外。学习日记主要有以下几类。

①课前预习日记。重点是就教材提出问题及个人认为有价值的

观点，并说明自己的理由。

②质疑性日记。对课堂上教师或同学的想法和思路有不同意见，而又来不及在课堂提出来或深入讨论的，可详细地在日记中阐述自己的理由，并提出修正性意见。

③思路性日记。对有一定难度的课堂作业或习题，根据已有的知识，一步步分析解题思路，展现自己的思维过程。

④自我分析性日记。对自己在学习过程中的一些优势和弱点进自我分析，并相应地提出更高的目标及改进措施。

⑤阶段性总结日记。经过一段时间学习后对自己的进步之处和不足之处进行总结，或根据教师提供的自评训练题逐一予以回答。

⑥提议性日记。向教师、家长或班级提出若干建议，以改善学习环境、学习风气和教学方法。

12. 培养小学生英语记忆力的方法

教师在教学中经常感到困惑：教过的英语单词、句型、语法，学生既感觉难记，又感觉遗忘得快，尽管他们花费了大量的时间和精力，可还是收效甚微。

具体表现为："听"，对所听到的话反应不过来，甚至连学过的很简单的单词、句型也不能听音会意，听力测试时手忙脚乱，顾此失彼，只能胡乱地选一个答案；"说"，不能准确、熟练、恰当地用已学的词句来表达自己的意思；"读"，阅读时对学过的单词、各种短语、习惯用语不能很快读出并确定词义，似是而非；"写"，不能准确拼写单词，每每误拼，不能准确写出完整的句型、语法。

原因何在？笔者认为，除其他因素外，关键在于要"对症下药"，采取相应的记忆策略。

利用趣味情境

小学生的注意和记忆指向往往受兴趣的影响。因此，英语课堂教学必须增强口语训练的趣味性，在趣味学习与训练中增强记忆力。

首先要增强口语趣味性，尽量设计有趣的呈现情境，激发学生学习、模仿的积极性，然后泛读，引导学生仿读、跟读，使学生始终保持学习英语过程中的主动状态、主动观察、主动思维、主动回答，使教学过程本身成为学生听、说、读、写能力的发展和提高过程。

在教学中创设一些引人人胜的情景是十分重要的。比如，在教学时，教师事先准备牛奶、桔汁、糖等，上课时把它们陈列出来，讲台便成了小吃店的柜台。教师、学生扮演顾客或营业员，学习 What would you like？ I'd like…Anything else？ How much are they？

表演完一遍以后，教师再用学生学过的其他饮食单词套用句型，然后让学生两人一组到台上进行表演，表演的过程就是巩固操练句型的过程。

利用韵句，培养语感

无论任何一种语言，韵文都因为它的言辞凝练、语境优美、声律合辙、顺口易读、悦耳难忘而占有非常重要的席位。韵文在语言教学中的作用是不可忽视的。一方面，有利于激发学生学习语言的兴趣。另一方面，有利于正音正调、培养语感、增强记忆。

多感官刺激中呈现英语口语

记忆是靠外界环境对大脑进行刺激并形成痕迹的，大脑神经受到的刺激越深，记忆的持久性就越强。根据这一特点，教师在教授新单词时要把单词信息，即音形义，准确地从句子、对话、课文背景材料中凸现出来。也就是说，首次输入单词信息要准确，刺激大脑皮质要强烈。

比如，在学习"horse"这一单词时教师可以播放马的叫声引出单词，然后把 house 也板书出来，比较音、形，并操练"I can ride a horse." "Same horsemasks." "I live in a new house." "Near my house"等短语、句子。应运用各种形式教授，引导学生同时使用多感官感知，使大脑同时接受到来自眼睛、耳朵、肢体等器官感受到的刺激信号。在这种氛围下听说英语的口语，学生积极性高，学习效果很好，且学生记忆很牢。

利用"复现"巩固英语口语

学生对新掌握的语言材料遗忘的主要原因往往是缺少必要的多次"复现"，即重复再现。因此，要让学生有计划地经常复现语言材料，即英语口语，才能引导学生克服遗忘现象。

在课堂教学中，当新语法、口语句型或单词等语言材料被学生接受并进行一定操练之后，教师要在后续的课堂教学中经常联系予以再现，让学生进行复习性操练，提高其复现率，使之得到巩固和深刻记忆。

当然，"复现"的方法应该多种多样，既可结合教材内容有机地自然"复现"，也可有计划地强制重现，做到每日重现（复习）一次，每周重现（复习）一次，甚至每月重现（复习）一次，或每单元重现（复习）一次。这样，学生就能牢固掌握已学过的英语口语。

比如，学习"like doing"这个语法，第一次学习时强化训练很重要，"like cooking/fishing/reading/watching TV/playing basketball…"要让学生说得滚瓜烂熟。后面的复现也很重要。在课文、练习、考卷中只要碰到都要反复训练，另外还要与"like apples/dogs"区分清楚。

在语段的朗读、背诵和理解中增强记忆

中国学生学习英语缺乏语言环境，学习了知识后也缺乏应用或者练习的机会。不应用、不练习就记不住，记不住就看不懂、听不懂、

说不出。

"皮之不存，毛将焉附？"这里的"皮"就是语言环境，"毛"就是语言知识，课堂没有实际的语言环境怎么办？课文中蕴含大量的单词句子、读音语法。如果皮足够多，再来更多的毛也是容得下的，因为它们已经有适宜的生存环境了。

托尔斯泰说过："我每天做两种操，一是早操，一是记忆力操，每天早上背书和外语单词，以检查和培养自己的记忆力。"每天的"记忆力操"实际上就是反复"复现"。只要教师有计划地指导学生反复"复现"，学生的英语记忆力一定会不断增强，英语教学的质量也会不断提高。

13. 中学生记忆能力的特点

1985年5月，中共中央制定了《关于教育体制改革的决定》，其目的是为祖国"四化"建设，多出人才，快出人才，而人才"都应该有理想、有道德、有文化、有纪律，热爱社会主义祖国和社会主义事业，具有为国家富强和人民富裕而艰苦奋斗的献身精神，都应该不断追求新知，具有实事求是、独立思考、勇于创造的科学精神"。这就是党所提出的我国当代人才的规格或标准。

这样的人才的培育和成长的过程，关键在于早期，在于青少年时代。如长江大河之有源、万丈高楼之有基、成荫巨木之有根。中学生，其身心正处于迅速发展、未定待定、趋向和接近于成熟的阶段。

在这个阶段中，在树立远大理想，形成世界观、人生观、价值观和接受革命、科学的教育方面，具有最大的可塑性。通过对他们心理发展特点的分析，从而正确地扶植、引导、校正他们成长过程中的不规范行为，使他们朝着正确的方向发展。

认识能力的发展

认识能力就是智力，就是人们在实践活动中学会观察、分析、综合、归纳客观事物的能力。

中学生的认识能力，随着年龄增大、年级增高而发展，但发展并不平衡，差异日益显著。初中二年级，是认识能力发展的关键阶段。高一下学期、高二年级则是中学生认识能力趋于稳定状态的阶段。

下面就认识能力的四个组成部分：感知能力、记忆能力、思维能力、想象能力，分别谈谈它们的基本特点。

（1）感知能力的发展

感知，是指感觉与知觉这两个认识客观事物的认识形式。感觉是人对直接作用于感官的客观事物个别属性的反映；知觉是人对直接作用于感官的客观事物的整体反映。感觉和知觉合称为"感知"，它是人类认识活动的开端，是一切知识的来源，是认识能力的基础。

中学阶段，由于各科教学和各科课外活动，要求中学生比小学生有更高的感知能力，要求中学生能更细致地分析和理解外界事物。因而，中学生的感知能力发展较快，有以下几个方面。

①感知的目的性明确，自觉性提高，时间性稳定。小学生感知无意性和兴趣性较明显。比如，看一幅画，往往被整个画面所吸引，或被一些鲜明的颜色、神态吸引，忘了观察的目的。

中学生则能自觉按教学要求去观察客观事物，并能较长时间地进行稳定的观察。高中生则不受情绪和兴趣的制约，能注意事物的细节，能比较全面地、细致地观察，并通过观察，比较事物的本质属性，如做实验（包括物理、化学、生物、电子、电工等）时，都明显地表现出这些特点。

②感知的精确性、概括性的不断发展。小学生感知的一个明显

缺点，是笼统而不精确，不善于区别事物的细致差别。中学生对比事物的正确率逐步增加；理解事物由抽象到具体。

研究表明，初中生视觉感受性比小学一年级学生增高 60% 以上；高中学生的视觉感受性和听觉感受性都达到了成人水平，有的甚至超过了成人。他们在这方面之所以能不断发展，是由于思维参加到知觉活动中，能够观察到对象的主要本质，能全面深刻地认识事物。

③感知活动中，开始出现逻辑性知觉。中学生感知活动中的逻辑性知觉，主要表现在：能把学习到的一般原理、原则，与观察到的个别事物联系起来，把所看到的图形和有关几何定理联系起来。

④感知活动中，空间知觉有了新的发展。中学生在学习物理、几何、绘画等学科时，除了直观了解，还能在抽象水平上理解各种图形的形状、大小及其相互间的复杂关系。它说明中学生的空间知觉有了新发展。

感知能力是中学生认识能力中的一个重要方面，教师应根据其特点，提高他们感知的自觉性，扩大他们感知的范围；同时，在教学活动中使用灵活多样的直观教具，使学生产生完整、鲜明、精确、生动的表象，从而发展他们的感知兴趣和能力。

（2）记忆能力的发展

记忆，是人脑对经历过的事物的储存反映，是过去感知过的事物在大脑留下的痕迹。中学生记忆的特点如下：

①记得快，尤其是理解基础上的记忆，记得比较牢固。曾经有项研究表明，在同样长的时间里，高中一、二年级学生记住材料的数量，比小学一、二年级学生几乎多四倍，达到了记忆的"高峰"。这段时间里记住的诗词，往往终生难忘。

②有意识记忆在进一步发展。小学生的记忆，主要靠教师提出来。中学生则随着年龄的增长、学习动力的激发、学习目的的明确，

逐步自觉独立地检查记忆效果，选择良好的记忆方法，有意识地进行记忆。

③理解记忆逐渐占主导地位。小学生机械记忆占优势地位。到了中学，由于学生知识日益丰富，逻辑思维进一步加强，加上教学内容深刻地反映着事物本质，理解记忆就成为中学生主要的记忆方法。

④抽象记忆日益发展，小学生很大程度上靠具体形象记忆外界信息。中学生在学习过程中，掌握了许多抽象概念，能进行推理、证明，抽象记忆的能力得到了发展。

根据上述中学生记忆的特点，教师应帮助学生掌握和发展良好的记忆方法，不断提高他们的记忆效果。

（3）思维能力的发展

思维，是人脑对事物本质进行规律性探讨的反映，它是认识能力的核心部分。中学生思维能力的发展有如下特点。

①抽象逻辑思维日益占主要地位。小学生主要是从具体的形象进行思考。初中生则是从具体形象思维向抽象逻辑思维过渡，在很大程度上需要感性经验的直接支持。比如，学习物理时，对"力的作用与反作用"这个概念，最容易接受的例子是用"马拉车"来解释，即马和车都是施力者，同时它们又都是受力者。

但是，对一些缺乏直观现象作基础的内容，初中生的理解就比较困难。而高中生的抽象思维，属于理论型，他们能够用理论作指导，综合分析各种事实，从而在理解记忆的基础上，不断扩大自己的知识面。

又如，学习化学，在学了卤族、氧族、氮族等非金属元素后，开始学元素周期律、原子结构等理论；接着，以周期律等理论作指导，再去学碳元素及各金属元素。这就包括了从特殊到一般，又从一般到特殊的整个思维过程。这个过程明显地表明学生由经验型向理论型转化，抽象思维高度发展。

②思维的独立性、批判性有了显著的发展。初中生已不满足教师对事物表面现象的描绘和讲解，开始独立地寻求和争论各种事物发生的原因和规律。中学生进入了一个喜欢怀疑和争论的时期，但还不成熟，有时热衷于片面的、非原则的争论，有时孤立地、偏激地看问题。

高中生独立思考能力比初中生提高了一大步，首先表现在高中生能有组织地进行思维，能比较自觉地从本质上看问题，全面地看问题。高中生也怀疑、争论，但在一定程度上克服了初中生那种思维的偏激现象。高中生一般不人云亦云，不仅能正确地对待学习材料，还开始思考自己的思维方法、学习方法是否正确。

根据中学生的思维特点,教师应有意识地培养他们这方面的能力，如分析、综合、比较、抽象、概括能力等，以促进、启发他们自觉地组织思维活动和掌握辩证唯物的思维方法。

（4）想象能力的发展

想象，是在客观事物的影响下，人脑将已有的表象，经过改造和结合，产生新表象的整个心理过程。表象材料的数量和质量、人的思想意识和品质、言语水平的高低，是想象的基础，它是一种特殊形式的思维。

中学生想象能力的发展主要表现在：他们的想象十分丰富、生动。他们从看到的电影中，产生了对艺术形象的神往：如将来做个航海家、探险家、飞行员、演员等。他们还根据教师的生动描述和自己阅读的书籍，产生丰富、生动的想象。

自我意识的发展

自我意识，是指一个人认识自己、对自己做出评价的能力。它是个性发展的重要前提之一，也是进行自我教育的基础。

自我意识不是与生俱有的。人在社会交往中，逐渐把自己当作主体，从客体中分出来，认识到自己的存在和力量，认识到自己和别人的关系，认识到自己的义务，这样，自我意识便逐渐形成和发展起来。

中学生自我意识的发展，主要表现在独立性、闭锁性、自我评价三个方面。

（1）独立性

中学生具备了一定的独立能力。这时，他们希望别人把自己当作大人看待，希望别人尊重自己的意见，也愿意承担一些比较艰巨的任务。

中学生认为自己是大人了，而成人总是把他们当作小孩子，中学生要求独立，成人总不让他们独自行动；中学生要自作主张，成人却不允许；中学生要求得到尊重，成人则往往是对其压制、训斥。这样，中学生就会感到苦恼，甚至产生反抗情绪。

教师应尊重中学生的独立性要求，给予他们一定的独立自主和自治的权利。虽然他们的主张、意见、要求和理想，不可避免地带有幼稚的、片面的、脱离实际的甚至错误的东西，但要看到，他们总的趋势是好的，是积极向上的。

对中学生积极的、合理的意见和要求，应充分肯定，并尽可能予以满足。对他们消极的、不合理的意见和要求，应耐心说服教育，决不能用简单、粗暴的态度对待。对学生有时表现出来的贸然反抗情绪，也要正确对待，要用发展的观点、心理学的观点去看待这些问题，耐心教育，引导他们朝着正确的方向发展。

（2）闭锁性

从初二开始，学生逐渐显示出"闭锁性"，即他们的内心活动不大愿意表露出来。这是中学生心理发展过程的必然现象。教师要注意到这个特点，不要因此对他们产生误解，更不能以一时、一事的表现去作判断、下结论。

同时要看到，中学生既有"闭锁性"的一面，又有希望别人了解的一面。他们希望教师、家长能了解他们、帮助他们，关键是得到教师和家长的信任。如果得到了教师和家长的信任，中学生就会向教师和家长表露内心的秘密，教师和家长就能更好地对他们进行教育。

（3）自我评价

从评价别人到评价自己。初中生在评价别人的过程中，逐步学会以别人为"镜子"来看自己，并独立选择学习的榜样。但他们评价别人往往比评价自己更主动，内容也更丰富、更具体。高中生则能经常进行自我分析、自我评价，遇事会联系自己，自我教育的愿望比较强烈。

从评价外部行为到评价个性品质。初中生开始对人的内心世界和个性品质产生兴趣。他们看文艺作品，除了注意人物的行动和故事情节，还议论人物的行为动机和个性品质，还会对自己的个性品质进行评价。

但是，中学生对别人的评价和对自己的评价往往是不客观的、不全面的。高中生则能比较全面、比较客观地评价别人和自己的个性品质。高中生不仅分析自己做一件事的心理状态，还经常分析自己的整个心理状态，以及自己的意志、性格等，这是高中生逐步成熟的一个标志。

提高中学生自我评价的能力，对于他们性格的发展和世界观的形成，都具有重要意义。主要方法如下：

①通过对正面人物和反面人物行为动机、个性品质的分析和评价，提高学生分析和评价的能力。

②教师对学生在各项活动中的表现，恰如其分地作出评价，并

要求他们对自己的思想、学习、工作进行小结；培养他们写日记、与朋友谈心的习惯。

③通过自我鉴定等活动，培养学生自我批评的精神。

④要使中学生明确历史赋予他们的责任，提高自我教育的自觉性。

14. 提高中学生记忆能力的技巧

中学历史教材内容繁杂。若要将历史中的时间、地点、人物、事件准确翔实地记下来，对于学生的记忆能力要求较高，所以教师怎么在教学中提高学生的记忆能力，就显得尤为重要。

根据中学生的心理特点和生理特征，指导学生用科学的记忆方法增强记忆效果、增强对事物识记的保存。我们知道，记忆力的产生是由于客观事物对人的感官的作用，传入大脑，引起大脑皮质兴奋活动所形成的一定的暂时神经联系，因此要提高学生的记忆能力，就必须刺激学生的大脑，使其高度兴奋，从而保存知识信息。

激发学生学习历史的兴趣

在历史教学中，存在着大量的历史故事和历史人物事件，这都是学生感兴趣的。因此，要提高学生的学习兴趣很简单。当然，教师在课堂设置上要创设情境，让学生在轻松的环境中接受知识。

首先，要注意新课的导入技巧，突破教材内容的限制，采用与教材内容相关的传闻、秘史，去激发学生兴趣。例如，教师在讲述"普法战争"一节时，先给学生做简短的"埃姆斯急电"的故事情节介绍。接着指出"在普法战争中埃姆斯急电起到了导火线作用"，这样就给学生制造了悬念，即埃姆斯急电为何成了导火线呢？

充分调动学生的学习兴趣，能够起到良好的教学效果。当然，我们在引入新课时，必须注意讲述故事要简洁，切不可喧宾夺主。同时，在调动学生学习兴趣时，要注意充分利用课文中的插图加以渲染、烘托气氛。

指导学生掌握几种记忆方法

死记硬背记住的东西，很难得到灵活的运用，而且这种机械的记忆方法对于提高学生的记忆能力也没有多大帮助，所以教师要注意对学生进行学习方法的指导，帮助学生掌握一些好的记忆方法。

（1）规律记忆法

历史发展有其规律性，揭示历史发展的规律，能帮助学生加强记忆，形成历史唯物主义的立场、观点和方法。学习历史，首先要求学生明确课本内容中的社会发展规律。对于重大历史事件，指导学生从背景、经过、结果、影响等方面进行分析比较，找出规律。

比如，在分析中国古代历次农民起义的原因时，虽然引起起义的直接原因各不相同，但其根源无非是：①残酷的刑罚，沉重的赋税、徭役和兵役；②土地高度集中；③自然灾害等。这样帮助学生掌握了历史发展规律，其在记忆时就显得相对比较简单了。

（2）重复记忆法

根据心理学知识，我们知道记忆有一定的遗忘规律，因此我们要谨记"温故而知新"这一至理名言。教师在教学中要做到：在课堂教学中指导学生抓重点、攻难点，反复强调历史教材中的重要知识，创造各种条件，让学生去记忆重大事件、重要人物，令这些东西深深刻在学生脑海中。

同时，我们在教学中要注意指导学生的课后练习，要求学生能用自己的语言简要叙述课堂所学的内容，并有目的地对部分教材内容进行重点练习，使学生进一步加深对教材的理解，巩固所学知识，增强学生的记忆，并培养学生表达、观察、分析问题的能力。

（3）归类记忆法

我们知道，对知识进行归类，可以减小记忆容量，从而可以起到强化记忆的目的，所以教师在教学中要指导学生对历史知识进行整理、归类，使知识条理化、系统化，这样将更加有利于学生记忆，而且还能培养学生的归纳能力。比如，在中国古代史讲完之后，可把教材内容按原始社会、奴隶社会、封建社会等进行归类。这样的归类对学生巩固知识能起到事半功倍的作用。

学生还可以用串线的方法加强记忆，使同一类型的历史事件或同一人物在不同时期的活动，按历史发展的线索，呈现于学生面前，便于学生理解和巩固，当然也就有利于学生记忆。

比如：中国古代史中通过联姻促进了民族之间的友好关系的有哪些？效果如何？可整理为：①昭君出塞，为汉匈的友好相处和文化交流做出了贡献；②文成公主嫁给松赞干布，使得唐与吐蕃的关系日益密切；③唐朝以来，不少定居中国的波斯人、阿拉伯人，他们在中国与中国人长期杂居相处，互通婚姻，逐渐融合，开始形成一个新的民族，即回族，促进了各族经济、文化的发展与融合。

指导学生在理解中记忆

在历史教学中要明确：理解有利于记忆，记忆可以促进理解，因此教师在教学中要始终向学生传授这一思想，使他们在理解的基础上加强记忆，在记忆的过程中强化理解。这对于掌握历史基础知识、发展记忆能力都具有很大的帮助。

在教学中，要想提高学生的记忆力，教师必须做到重点知识要突出，抓住重要的历史事件、历史人物，指导学生掌握和突破重点、难点，在授课过程中力求板书简洁、明了，这有利于学生记忆。

当然，要让学生深刻记忆知识，必须指导学生对历史知识进行深入的理解。例如，美国内战一节讲析完后，一般学生对美国内战爆发的原因、概况、结果基本掌握了，此时教师可以给学生一个思考题"用史实说说美国内战为什么是第二次资产阶级革命"。

这样，学生在讨论寻求答案的过程中，必将理解了第二次资产阶级革命的有关知识，从而对美国内战有较深的记忆。其实，帮助学生记忆的方法有很多，教学时教师应根据自己的课堂，灵活运用教学方法，让学生以最便捷的方法理解、巩固所学的知识，提高教学效果。

15. 培养中学生英语记忆力的方法

在英语听力方面培养

我们深知听力对于学生学习英语的重要性，如果英语听力差，就不能很好地和别人进行交流。但是也不能一概而论，需分析是什么原因导致中学生英语听力差，如此才能对症下药。

（1）影响中学生英语听力的因素

①学生的记忆。英语的听力和记忆力是很重要的，学习英语，必须过听力这关。同时，没有好的记忆力，也不能将成千上万的单词"为我所用"。"听"不是被动消极的，也不是一种单纯的语言信息解码过程。

从外部的声音信号到内部的听觉理解大致经历三个阶段。

第一，听觉器官对连续音流的感知与切分，即将各个语句先分成几个部分。比如，教师在教"english class"这个短语时，学生会将它分成"english"和"class"来记忆。

第二，学生再将辨认出的句子或片段"留住"，并迅速不断地与前后的其他片段相联系。

第三，经过辨认和联系的原语句，以高度简缩的形式形成意思并储入长时记忆，至此理解完成。

从这一构成看，记忆与听力理解密切相关。在听的过程中，对语言信号所产生的记忆是在短时间内完成的，因此记忆的痕迹十分肤浅，其保持量也相当有限。心理语言学家将这种记忆称之为瞬时记忆和短时记忆，这两种记忆是听力理解的依据。

换言之，在听的过程中，人脑与其所获得的语言信号之间形成了某种瞬时或短时的联系，而人们的思维正是凭借这种联系去分析、辨认语言信号的，同时运用已有的语言知识和背景知识采取一系列认知策略，然后将信号以文字的形式反映出来，达到理解目的。因而，为了防止遗忘，使交际活动顺利延续，就要及时、快速地处理语音和作出反应。

另外，学习者理解过程中存在的负迁移对听力产生很大干扰。当学习者用已知的语言事实去补足信息链上所缺的某些环节，或用已知知识推理、分析、判断某些事物时，他们总是受到某种思维定式的干扰，即用母语的某种约定俗成的思维方式考虑它、理解它和判断它。因此，这种负迁移就自然地对记忆的产生、保留，以及对语言信号的解码产生障碍。

②学生的听力与词汇量。一般人认为，听得越多，听力理解能力越强。不容否认，多听确是提高听力理解能力的一种积极手段，但听力水平的高低不完全在于听的次数的多少，也不完全在于听的内容长短、难易如何，它是一个人英语知识的全面体现，而所有英语知识的基础便是词汇。

词汇量在英语学习中起着至关重要的作用，它是一切训练的基础，听力自然也不例外。听力理解中的每一个对话、语段、语篇都是由句子组成的，而句子的基本单位正是词或词组。因此，学生词汇量的大小直接影响到学生的听力能力强弱。

③学生的听力与语言功能训练。过去很多老师的做法是将英语短文强制性地要求学生来记忆，并在课堂上听写。在听写的过程中锻炼学生的听力。有的直接要求学生合上英语书，听老师说的是什么，然后进行翻译。

比如，老师说："what are you doing？"学生就翻译："你在做什么？"这样显然是不够的。至少老师应要求学生用英语来回答。学生可以自由选择句子来回答，比如回答老师："I am eating dinner."或者"I am doing housework."实质上，句型中围绕语言形式的听，从严格意义上说并非是"真正的"听。

首先，语言形式的操练往往注重音素和音素群的区别和辨认、注重音位的变化、注重词与词间的语法关系等，然而，对这些知识的操练和掌握，并不一定意味着学习者能在实际使用语言中演绎性地运用这些知识。

学习者对一种新的语言的语音和音位的敏感性，往往是在实际使用语言中逐渐获得的。这种敏感性的获得，不仅依靠在使用语言过程中演绎性地运用学过的知识，更依赖归纳性地领会和掌握相关的知识，而语言功能操练则为学生提供了学习、领会和运用听觉感知知识的机会。

其次，听是对口头信息的接受和解码，是一种最基本的交际行为。无论听什么，只有在无需注意说话人的表达形式，只注意其说话内容时，才能有效地把握信息，达到交际目的。从这一意义上说，听力教学的本意应该是使学习者获得直接听取信息的能力，即交际意义上的听力。

现代语言教育学理论认为：充分地以理解语篇内容为目的的语言输入，是形成交际性听力乃至决定整个语言学习是否成功的关键；此外，有效的听力培养还必须对听的技能技巧加以有针对性的训练。

（2）提高学生听力的方法

①教师要善于优化学生的心理环境，运用多种视听方法及手段，创设多种情景，这样才能达到良好的训练效果。

②要训练学生的听力技巧，提高记忆的速度和效果。由于历史背景不同、地域的差异等多种因素，以汉语为母语的民族与以英语为母语的民族思维方式必定有所区别。因此，一方面，了解必要的目的语国家的背景及文化知识，并在听的过程中运用背景知识排除"负迁移"的干扰，必将提高记忆效果。

另一方面，培养听者的听力技能，对其进行单项和整体的听力训练，让听者运用听觉感觉知识，在音素、词、句子层次上依次对听力材料进行辨认和理解，或者让听者运用自己的背景知识从篇章层次上对听力材料进行理解，从而帮助他们学会把握语篇的重点和大意，区分主要信息和次要信息，抓住关键词，以有效地提高听力水平。

③建立旨在扩大听的输入和有针对性地训练听力技巧的听力教学体系。各种语言技能的掌握和提高是相互影响、相互支持的，对中国学生来说，阅读水平的提高对于带动包括听力在内的其他技能的提高，可能起着相当重要的作用。

因此，从一开始教师就要在重视进行语言形式操练的同时，注重连续的语篇教学，并在材料的选择中注意材料的真实性、可理解性、体裁的广泛性、交际性和练习设置的科学性。

④语言的听是主动的解码而不是被动的感知，是积极的认知构建而不是单纯的声学事实。因此，要充分认识认知水平的提高对提高语言水平的重要性。

综合以上的说法，每一个中学英语教师都可以做到将学生的听力大幅度提高。要知道，学生的听力也是很重要的一项能力训练，教师有责任把学生培养成"能学能用"的人才。

在单词方面培养

在英语学习中，学生要掌握的最重要、最基本的就是词汇，词汇是构成语言最基本的材料，扩大词汇量是提高学生听、说、读、写能力的前提，因此词汇记忆力的训练是中学英语教学的重点。为了提高学生的记忆效率，笔者在试用新教材的过程中，对如何提高学生的记忆力等方面作了一些探索。

记单词是学生学英语的一个薄弱环节，如何帮助学生在单位时间内最高效率地牢牢记住所学的词汇，这一问题是非常重要的。只有解决了效率的问题，才能既减轻学生的负担，又能提高教学质量。我们要向效率要时间，而不是用时间补效率，这是英语教师一直都在积极研究的一个问题。

那么，应该如何在课堂教学中有意识地培养学生词汇记忆的能力呢？

（1）利用规律性记忆单词

利用拼读规律和联想记忆单词，利用派生词、兼类词、合成词、同类词、缩略词等，归纳、总结词汇。

在教学中要注意培养学生的思维能力，让学生自己去发现、去归纳。比如，move（v.）-movement（n.），让学生尽可能多地找出此类词，treat-treatment、amuse-anlusement、announce-announcement 等，让学生自己观察归纳：（v.）+ment（n.）。

若有问题，教师可补充说明，但不要把结论直接告诉学生，使学生养成爱动脑筋的好习惯，为终身学习打下良好的基础。

（2）对学生进行瞬间记忆训练

教育心理学者研究"痕迹理论"所得出的结论指出："凡是已经识记过的事物都会在大脑组织中以某种形式留下痕迹。"

记忆痕迹在脑中的储存，分三种情况：瞬间记忆、短时记忆和长时记忆。瞬间记忆储存时间很短，但在记忆过程中占有主要作用。在这个基础上，只要稍经启发，就能引起联想和回忆，转化为长时记忆，因此在教新单词时，先向学生明确记忆指标。

比如，在教新单词时，要求学生在两分钟内记住所学的新单词，然后听写，也可以通过抢答或个别提问的方式由老师读单词，学生口头拼写，或是老师讲出单词中文意思，学生读出生词，反之，老师读单词，学生讲出中文意思等形式进行训练。

学生为了达到要求，快速记忆，必然高度集中注意力认真朗读背诵，强力记忆的愿望可以提高记忆的效率。开始只有部分学生达到要求，经过一段时间的训练，基本上每位学生都能按要求完成，即使成绩差的学生，瞬间记忆的效果也很好。这种训练，增加了单位时间内的信息接纳量，提高了记忆效果。

（3）通过"写"来巩固词汇

尽管口头进行了大量练习，没有笔头练习也很难巩固。教学中可补充默写单词、翻译短语，并用短语造句的训练。听写也是综合性很强的练习形式；还可让学生根据所给的几个关键词，自由发挥编写故事，充分发挥学生的想象力和创造力。

（4）通过多种渠道呈现单词

记忆是靠外界环境对大脑进行刺激并形成痕迹的，大脑神经受到的刺激越深，记忆的持久性越强。因此，教师在课堂上应尽力使学生对所要记忆的知识形成深刻的印象，为长时记忆打基础。

在教学过程中，想方设法用新奇甚至反常的方式呈现新词。这样有助于集中学生的注意力，给学生以强烈的再现刺激，加深感知印象，引起学生兴趣。示范朗读单词的轻重、同化、连读、尾音及爆破音、破擦音变化；用彩色粉笔在黑板写出难记的生词，使字体变得特别大，或者用其他方式呈现形成明显对比。

有时一个单词以其音、形对错对比形式出现。比如，"suggestion"的两个读音，让学生进行对比选择；而教"quite"时写成"quiet"或"quilt"，让学生指出其错误。有时也可将单词与社会生活相联系，比如：他昨天洗了"film"（胶卷，广州话"菲林"）；照相前摆好"pose"（姿势）；等等。

新奇的方式、与社会生活相贴近的联系会起到强烈的刺激作用，激发兴奋感，加深感知印象。另外，还可以利用录音机、投影仪，甚至实物呈现等多种媒体相结合的方式，引导学生同时使用多种感官感知，使大脑同接受来自眼睛、耳朵、肢体等器官感受到的刺激，加强记忆力。

（5）增强理解记忆法

理解了的内容，就容易记住，理解得越深刻，记忆得越牢固。教单词时，把音、形、义同时教给学生，让学生对词有全面的了解，使所教的词在一定的情景中呈现，方便学生理解记忆。

把抽象概念的词放在短语、句子或课文中教，使学生对词的理解具体化。采用归纳比较的方法，以新带旧、以旧学新，新旧知识联系以加深理解和记忆。

比如，在 SEFC Book 2A 中 Lesson 23 有一句："You can often pick up packs of used stamps very cheaply. "Pick up"在句中理解为"用较少的钱买到"；Lesson 19 中有一句："People said gold could easily be picked up by wash-ing sand from the river in a pan of water." "pick up"在句中理解为"收集到"。

而在 SEFC Book 1A 中："It is necessary to use a short-wave radio to pick up the programmes." "pick up"在句中理解为"收听"。通过归纳比较、前后联系，使学生对词组有了正确的理解，又避免学生只会在单词表中对其各种意义死记硬背的做法，达到温故而知新的效果，提高了记忆力。

还可以通过同义词、反义词辨析，同音异形词、词类转换词比较归纳等方式，想方设法将机械记忆转化为理解记忆，从而加深记忆痕迹，提高记忆效率。

（6）巩固已学英语单词

德国心理学家艾宾浩斯的实验证明：遗忘的规律是先快后慢，刚记住的材料，最初几个小时内遗忘的速度最快。如果四至七天内不复现，记忆将受到抑制，甚至完全消失。

因此，教师应引导让学生有计划地经常复现英语词汇，克服遗忘现象。课堂上教单词时，让学生对所学的词汇进行重复识记，加深印象；讲解课文时，结合教材的内容有机自然地再现；课后练习中，安排相应的听写、翻译、完成句子、同义搭配、造句等，使学生在多次的复现中巩固所学词汇。

记忆力的训练方法是多种多样的，教师在教学中要遵循教学规律，运用科学的教学方法，使外语教学更加符合语言教学的规律，符合心理学、教育学的规律。只有这样，才能提高学生的学习效率，减轻学生的负担，全面提高学生的素质。

1. 扁鹊学医

扁鹊，是我国古代医学创始人，生于战国末期的齐国。

其实，扁鹊的真实姓名叫秦越人。相传远古时代有一种神鸟，名叫扁鹊，嘴很尖，不管人们得了什么病，经它一啄，即刻痊愈。因为秦越人医术高明，所以人们都称他为扁鹊，时间一久，人们竟忘了他的真实姓名。本书所记述的"扁鹊学医"，是一个鲜为人知的故事。

扁鹊出身于平民家庭，幼时聪明，喜欢读书。可是，在他十一二岁的时候，父母便相继去世了。扁鹊为了生存，经乡人介绍，到附近集市上一家客店中当了一名小伙计。在客店中，别看扁鹊只是一个十多岁的孩子，干活却十分勤快，待人忠厚，很讨店主喜欢。因为扁鹊手脚勤快，床铺收拾得干净，客人也都愿意来这里落脚住店。

有一天，店中一位客人腿上生疮，痛得头上直冒汗。当时人们都信巫医，扁鹊奉店主之命，急忙帮着请来巫医。这巫医在病人房中折腾了一番，拿出了几包"仙药"，要了钱，便走了。巫医走后，扁鹊给病人生疮的地方上了"仙药"，病情不但没有好转，反而更加严重了，痛得时而满床打滚，时而捶胸顿足。整个客店的人听到后，几乎都跑了过来。有的上前按住脚，有的按住手，扁鹊更是急得嚎啕大哭。

正在这时，有一位上了年纪的客人，叫长桑君，走到病人床边说："不要着急，让我来看看！"说着，他便揭开了病人的被子，一看大惊失色，急忙问扁鹊："疮已感染溃烂，全身中毒红肿，他吃什么了没有？"

扁鹊边哭边说："刚才巫医看过了，让我给病人疮上撒了一包'仙药'，不到一个时辰，就变成了这个样子！"扁鹊说着将剩下的两包"仙药"给了长桑君。

长桑君打开用鼻子一闻，气愤地一下扔在地上说："这哪是什么仙药，全是用木屑烧成灰，又拌上些土制成的，不中毒才怪呢！"

长桑君说着，急忙回屋，拿来一个小布包，先让病人嚼了几片草叶。几分钟后，病人就安静下来，不叫痛了。然后，长桑君又拿出一把十分锋利的小刀，将病人疮上的脓血放掉，将周围的烂肉刮去。当病人生疮部位露出鲜肉时，长桑君又撒上了一小包药，再用布包了起来。长桑君处理完毕，抹了一把汗，对大家说："让他休息吧，过几天就会好的。"

第二天，病人身上的红肿消退了，疮口也不痛了；又过了几天，病人的疮便完全好了。大家都称赞长桑君是神医。

从这天起，扁鹊心中一连几天没有平静，因为像巫医害人这样的事已经发生了不少次，有的人甚至被害致死，他恨死了巫医。

这一天，长桑君到渤海郑地行医，又住进了这个店中，扁鹊难过地对长桑君说："自您上次走后，附近村里又被巫医医死了三个人，可惨了。世上多几个像您这样的神人多好啊！"

长桑君说："我哪里是什么神人啊，只不过多学了几年，多实践了几年罢了。"

扁鹊央求说："您教我学医行不？"

长桑君说："好啊，等你学好了，这里的人们就不会再上巫医的当了。不过，学医行医也是很辛苦的事，要上山采药，又要走村串户，你能受得了吗？"

扁鹊说："只要能给乡亲们看病，再辛苦我也不怕。"

就这样，扁鹊一边在店中打工，一边跟长桑君学医。店主见了，也很高兴，只要长桑君来了，就少让他干活，使他有更多的时间学习。

扁鹊学习十分刻苦，一有空就把长桑君给他讲的一些医术和中草药的名字、药方，全都一一记下来，并在店主的支持下，常跟长桑君一起上山采药，一块串村诊病。不久，长桑君见他已经掌握了不少病症的诊法，就放手让他试着独立看病、开药，自己在一旁边看边指导，不时提出一些疑难问题让扁鹊思考、回答。

扁鹊在跟随长桑君行医过程中，不仅刻苦好学，而且医德也很好，关心病人疾苦，常常亲自动手给病人熬药、喂药，不嫌脏，不怕累；遇到贫寒家庭，他经常主动提出少收钱或不收钱。每当别人称赞扁鹊的时候，长桑君都从内心感到欣慰：自己没有看错，的确收了个好徒弟。

转眼十多年过去了，扁鹊长到二十多岁，已经成了一个医术高明的大夫。

有一天晚上，长桑君把扁鹊叫到自己的客房中，语重心长地说："孩子，从今天起，你就可以正式独立行医了，师傅有事要到远方去，不能再跟着你了。不过你要记住，人类的疾病是不断变化的，药方也要跟着变化。你要想治好一些难病、新症，就需要永远地思考，刻苦地钻研，任何时候都不能满足！"

他说到这里，拿出了一个小红布包，交给扁鹊说："这是为师一生积累下来的药方，留给你作为参考吧。希望你永远做一个为天下百姓消灾治病的好大夫！"

扁鹊双膝跪地，接过布包，含着满眶泪水说："师傅，请您放心，我永远不会忘记您的教诲，也一定不会辜负您的希望！"

长桑君走后，再也没有回来。扁鹊也如师傅希望的那样，终于成为一个闻名各诸侯国的神医，他的一些动人故事，至今广为传诵。

2. 张衡和地动仪

张衡，字平子，出生于公元78年，南阳西鄂（今河南南阳市）人。曾以学问博大精深、才华超众，被荐为郎中、太史令，后为河间相。早在一千九百年前，他就以发明浑天仪、候风仪和地动仪而成为世界闻名的天文学家。

常言说"从小看大"。张衡之所以在钻研自然科学的道路上，取得如此大的成就，为人类做出那么大的贡献，就在于他从小就有勤奋好学、勇于探索的精神。

张衡的祖父张堪做过蜀郡太守，为官清廉，没给他留下多少财富。加之父亲过早去世，在他的幼年时期，家境就已经败落，主要靠亲戚、朋友的资助过活。也许正是这种清贫的生活，极大地激发了小张衡刻苦求学的精神。到他十岁那年，他已经熟读了《四书》《五经》，他也喜欢文学，如《诗经》《楚辞》等。但更能使他产生兴趣的，却是有关自然科学方面的书。故当时就有人称赞他是"焉所不学，亦何不师"，意思是说，没有他不想学的学问，也没有他不想请教的老师。

有一天，他和两个同学进城游玩，看见一个打铁的，每台炉旁虽然都有好几个风箱，但没有人拉，风却很大，把炉火吹得红光闪烁。他想，风是从哪里来的呢？他顺风查看，终于发现铁炉紧靠一条河，名叫白河，人们在河中筑坝拦水，提高水位，使水流变急；急流中有个水轮，被流水冲得转个不停；水轮上有齿轮，连动别的机体，带动一根铁杆，一来一回地拉动风箱。这种用水的力量带动齿轮的神奇情景，深深地印在了他的脑海中。

又有一天，他在书馆里读书，发现一本名叫《鹖冠子》的诗集上，有四句关于北斗星的话，便好奇地记了下来。

斗柄指东，天下皆春。

斗柄指南，天下皆夏。

斗柄指西，天下皆秋。

斗柄指北，天下皆冬。

还是跟奶奶学儿歌的时候，张衡就学会了辨认北斗星。现在细细回味书上关于北斗星的四句话，他忽地悟出，这是北斗星的变化规律：北斗星因季节的变化不停地运转，在不同的季节，斗柄就指着不同的方向。

张衡根据这一发现，绘制了一张图，每逢晴朗的夜晚，他便眼望天空，对照图中所述，仔细观察，从不间断。天长日久，他又发现，北斗星是围绕一个小星转动的，这个小星就叫北极星。北斗星每年转一圈，按季节变化一遍，即使在同一个季节里，北斗星的位置也不同。例如早春时北斗指向东北，晚春时则指向东南。由于张衡苦读好学，勤于钻研，到十五岁时，便成了南阳远近闻名的小才子。县令听说他很有学问，要推举他做秀才，被他拒绝了。

公元95年，也就是张衡十七岁那年，为了扩大知识面，他离开家乡，去京都洛阳求学。在那里，他结识了不少有才之士，经常和他们研究天文、历法、数学等，不但使已学知识更加扎实、丰厚，而且又学了不少其他方面的知识。时人称赞他"通五经，贯六艺"，说明他的学问已为社会所承认。

公元115年，张衡经尚书令推荐，被汉安帝任命为太史令，主管天文历法。他为了对天体进行更加深入的研究，决定制造一个天体模型，这就是天球图，把天地的构造和日月星辰的变化都在上面显示出来。正是在这期间，他带人每天数星星，数了东边数西边，数了北边数南边，最后终于有了一个比较精确的数字：中原地区天空星星的总数为二千五百颗，与现代科学研究的结果基本相符。

功夫不负有心人，张衡经过几年的努力，对天球图不断改进，终于在安帝年间制造出世界上第一架利用水力转动、能较准确测定天象的浑天仪，成为世界科学史上的奇迹。又于公元 *132* 年，发明了世界上第一个可以预测地震方向的地动仪。紧接着，他还发明了观测气象的候风仪。张衡用他超人的智慧和勤奋，在科学领域里为人类做出了杰出的贡献。

3．华佗拜师学医

华佗，字元化，东汉末年沛国谯（今安徽亳州市）人，是我国古代的伟大医学家。他发明的麻沸散，是世界医学史上最早的全身麻醉药材。他的高超医术，来源于他少年时代锲而不舍的求学精神。

东汉末年，汉室腐败，战争频繁，天下大乱，瘟疫盛行，死伤无数。华佗的父母也被瘟疫吞噬了性命。面对成千上万挣扎在死亡线上的老百姓，华佗痛定思痛，立志学医，决心做一个医术高超的医生，专为天下贫苦百姓治病。

华佗七岁那年的一天，听说远方有一个姓蔡的大夫，医术高明，便决定去拜师学医。他背着行李走了三天三夜，来到蔡医生的家乡。蔡医生收徒是很严格的，为了收到真正具备学医素质的弟子，往往要出一些题目来测试其智力。这一天，他见来学医的人众多，便指着家门口的一棵树说："现在，我想把树上最高枝条上的叶子取下来，一不能用梯子，二不能爬树。想想，谁有法把树叶给我摘下来？"

那些来拜师的学生你看看我，我看看你，都没有想出好办法来。蔡医生见华佗在这些前来求学的人中，虽然年龄最小，个子最矮，但眼睛最为有神，便笑着问道："你想到用什么办法了吗？"

华佗没有立即回答，而是左瞧瞧，右看看，然后忽地一拍脑袋说："有了！"他说着，便在墙脚下找到一根绳子，在一头系上一块石头，朝树上最高的一根枝条猛地甩去，套住枝条，接着，再松松绳子，抓住两个绳头，把那最高的枝条压弯下来，摘取了叶子。

蔡医生高兴地称赞他："好办法！你成功了。"

但蔡医生并没有就此收下他，而是又拉出两只公山羊来，让它们互相争斗，然后又对前来拜师的人说："你们谁能一个人把它们拉开？"

众人又觉得无可奈何，一个个低头不语。华佗则不慌不忙，走到那棵树下，拔了两把嫩草，分别放在了两个方向。那两只羊看见草，果然停止了争斗，各自回头吃草去了。

蔡医生指着华佗对大家说："你们来了这么多人，只有他具备学医的素质。我决定收下他了，你们都回去吧！"

蔡医生收华佗为徒后，并没有立即传授给他医术，甚至连医书也不让他看，而是让他早晨挑水扫院子，上午把草药碾碎，下午煎成汤药，晚上一碗一碗地送给病人去吃。因为来找蔡医生看病的人多，仅送药，每天都要到大半夜才能送完。华佗一干就是七七四十九天，没有叫过一声累，没有偷过一次懒，每次都要亲眼看着病人把药喝掉，才给下一位去送。

到第四十九天的时候，蔡医生把华佗叫到屋中说："你来了多长时间了？"

华佗回答说："四十九天。"

蔡医生又问："这七七四十九天你学会了什么？"华佗说："每碾一种药，我都要尝尝它的味道；每送一种药，我都要问问病人的患病症状；挑水扫院子，使我懂得了病人必须有一个洁净的环境。学到的东西可多了！"

蔡医生说:"好细心的孩子!从明天开始,你就可以跟着我诊病了。"

华佗在跟师傅诊病的过程中,注意观看师傅诊断每一个部位的动作,聆听师傅的每一句讲解,记住师傅开药方时对每种药下的药量。诊断回来,又将每天看到的情况详细记录下来,从不敢有一点疏忽。

有一天,蔡医生诊病回来,感到疲劳,华佗立即打来热水,给师傅洗脚。在洗脚的过程中,华佗突然发现,在师傅的身旁放着一本书,上边写着教案二字,便看个不停。

师傅笑着说:"华佗,你不快着洗脚,瞪着眼看什么呢?"

华佗眨了一下眼睛,眼珠滴溜一转说:"我在看那本书,里边一定全是我想学的东西,可能我现在还不能看,如要能看,师傅不早就给我看了?"

蔡医生笑着说:"真是个小鬼头,快拿去看吧,脚我自己洗就行。"

华佗一听,兴奋极了,拿起教案一蹦一跳地走了。

一晃几年过去了。这天,蔡医生把华佗叫到书房,把柜子打开,华佗一看,不由得惊呼一声:"啊,全是书!"

蔡医生说:"这是我几十年行医中搜集到的全部医学书,你可以看了。"

这一来,华佗真是过得如鱼得水,白天看病,夜晚看书,理论和实践相结合,医术有了突飞猛进的提高。

五年后,蔡医生又把华佗叫到屋中说:"孩子,你出师了。不过,千万要记住,你的一举一动,都和病人的性命有干系,师傅希望你成为一个群众信得过的好医生。"

华佗跪在地上说:"我一定牢记师傅的教诲!"

从此,华佗便单独行医去了。

他走遍大江南北,涉足黄淮两岸;他曾在茅屋为老妇亲煎汤药,他也曾为小儿通便引尿；他曾在途中为行人开膛破肚做手术，也曾为三国名将关羽刮骨疗毒。

为关羽刮骨疗毒，是他高超医术的一个杰作。相传关羽领兵攻打樊城，右臂被曹操部下的弓弩手射中一箭。关羽回寨后，将箭拔了下来；不料，由于箭有剧毒，关羽的右臂立时肿了起来。华佗听到消息，急忙从江东驾小船过来为关羽治疗。关羽一面和马良下棋，一边伸出胳膊，让华佗医治。华佗用刀剥开皮肉，露出骨头，见骨已发青，便用刀去刮。沙沙的刮骨声，使在场的人都听得毛骨悚然，掩面失色，关羽却毫不在乎，照样下棋。等华佗刮完毒，敷上药，缝合完毕，关羽的胳膊竟立即消了肿。关羽起身朗声笑道："先生真是神医啊！"于是，"神医华佗"的雅号不胫而走，传遍了天下。

4．张仲景弃仕从医

张仲景，名机，字仲景，南阳郡涅阳县（今河南邓州市东北）人，是我国古代与华佗齐名的又一位杰出的医学家。华佗擅长的是外科手术，而张仲景则专攻内科，尤其对伤寒病最有研究。他的著作《伤寒论》和《金匮要略》，近两千年来，一直被医学界视为珍宝。

张仲景小的时候就很爱学习，他喜欢读《诗经》《论语》，也喜欢读《史记》《汉书》等史书。他读史书的时候，虽只有七八岁，但爱憎分明。对那些危害百姓的贪官污吏，他深恶痛绝。他佩服汉初北海太守朱邑和渤海太守龚遂那样的官员，不仅饱有才学，且政绩卓著，更重要的是关心民众，爱护百姓，在他们的管辖范围内，没有吃不饱穿不暖的。为此，张仲景发愤读书，目的就是想做一个受人民群众欢迎的官，铲除危害百姓的盗贼，惩治欺压乡里的劣绅，使家乡父老都过上安宁太平的好日子。他为了激励自己，还特地找人画了朱邑和龚遂的像，挂在自己房间的墙壁中央。

不久，他的家乡发生了瘟疫，仅他所在的那个村子，在两年间就有三分之一的人被夺去了生命。就是在此期间，他发现一些人生病而亡，没钱医治是个原因，但更多的人却是由于迷信巫师而断送了性命。

为和巫师做斗争，他放弃读书求仕的道路，立志改学医术。他听说同郡有个叫张伯祖的大夫，虽说不是扁鹊再世，却也医术高明，为成千上万的病人解除了痛苦，便前去拜师学医。

张伯祖早就听说同郡有个张仲景，以博学有志闻名乡里，今见他前来拜师学医，感到惊讶，便问他道："听说你早就立志以朱邑、龚遂为榜样，为何今又弃仕学医？"

张仲景愤然说："现在的大小官员，多为追逐名利，谁管民众的疾苦？而真正有才学，想为百姓做点事的，如果不会阿谀奉承，又有几个能做得上官的？所以我想来想去，还是像您一样，用自己的医术直接治病救人，才是最实际的。况且，现在百姓信巫不信医，白白送了性命，我一定要学好医术，让百姓信医不信巫。"

张伯祖听了，感到一个年仅十二岁的孩子，能说出这样一番话来，的确难能可贵，遂决定收他为徒。

张仲景从医后，在老师的精心指导下，学习废寝忘食，一丝不苟，医术提高很快，两年后便能初步独立治病下药了。

有一天，比他来得早的几位师兄对他说："仲景，师傅病倒了，让你快去！"张仲景闻言，心急火燎地来到师傅房中，见师傅躺在床上，已经处于昏迷状态，急忙上前诊脉。他足足诊了半个时辰，也没有发现异常情况，便对和他一同进来的师兄说："师傅一切正常，怎么会昏迷不醒呢？"

众人又推大师兄诊脉，大师兄哆哆嗦嗦地诊断后说："表面看来正常，但仍有细微的变化，这大概……也许……，我一时也很难说清楚是什么病。"

众人又推举二师兄诊断，二师兄战战兢兢地诊断了一番说："大师兄说的有道理，我也认为正常中有些不正常……"

张仲景以为自己诊断失误，又认真地再次为师傅诊脉，这次约诊了一个时辰，张仲景一动不动，全神贯注，然后坚定地说："我仍然断定一切正常。"

众人说："那师傅为什么会昏迷不醒呢？"

张仲景说："师傅不是昏迷，可能是疲劳过度，睡得深了一些。"

张仲景的话音刚落，师傅竟忽地睁开眼坐了起来，笑着对张仲景说："孩子，从今天起，你出师了，可以回去单独行医了！"

张仲景高兴地笑了，他的那两位师兄都羞愧地低下了头。

张仲景回乡后，风里来，雨里去，有求必应，一心投入为百姓治病解忧中，这年，他才十六岁。

不久，汉灵帝即位，听说张仲景饱读史书，才多识广，便选他出来做官，一直做到长沙太守。他在为官过程中，经常微服私访，体察民情；办案中不畏权贵，清正廉洁。同时，他还兼为群众治病，深受百姓欢迎。

汉献帝建安年间，瘟疫再次流行。当张仲景听说家乡瘟疫严重的消息后，第二天便毅然辞去了官职，火速回到南阳，投入同瘟疫的斗争中。

张仲景在长期的行医实践中，边治病边总结，终于整理出了一整部关于伤寒病的病理、诊断、治疗、用药等方面的宝贵经验和理论的书。为了让后人更好地为百姓治病，他把终生所得著成书，这就是流传至今的《伤寒论》和《金匮要略》两部伟大的医学经典。

5．韩信能忍胯下辱

韩信，淮阴（今江苏淮安市）人，在中国古代史上，是个富有传奇色彩的人物。由于他相貌平平、口齿笨拙，常被世人看不起，曾受"胯下之辱"。他初投项羽，不被重用；后投刘邦，因官小而逃离；直到"萧何月下追韩信"之后，才崭露头角；又以"陷之死地而后生"的策略，成就了汉室天下，被封楚王，扬名四海。

机智分油

其实，韩信从小聪明好学，爱动脑子。许多在成人看来解决不了的难题，只要让他遇上，往往会迎刃而解。韩信分油的故事，就是其中一例。

有一天，他上街玩耍，在一家油店门前见两个人争吵。这一个指手画脚，吹胡子瞪眼，喋喋不休，那一个摇头晃脑，面红耳赤，唾液四处飞溅。不一会儿便围了很多看热闹的人。年只十一二岁的韩信觉得好奇，分开人群，挤进里边，静听事由。不大一会儿，他便明白了两人吵架的原由。

原来，这两个吵架的人都是油店老板，当初合伙投资开油坊，由于账目总是对不上，常常发生争执，都怀疑对方私下拿去了。结果，疑来疑去，都觉着吃亏，决定关门分手。器具卖了，钱财分了，最后缸里还有十斤油，因为分不平均而争吵起来。他们分油的量具只有两件，一个是能装三斤的油葫芦，一个是能装七斤的油罐，可是倒来倒去，总是分不均。

小韩信弄清原因后，走上前去说："二位有什么可吵的，不就是这点事吗？我来给你们分。"

有的人见了，觉得这个小孩子口气太大，指责说："我们这么多人都想不出好办法来，你一个小毛孩子，懂得什么？快一边去！"还有的说："这里已经够乱了，你一个小孩子，别再掺和了。"

对于人们的讥讽、指责，小韩信置之不理，他一会儿拿起油葫芦看看，一会儿看看缸里，一会儿又掂掂油罐，随后哈哈大笑说："完全可以分均，你们怎么就想不到呢？"

两个老板一听，顿时不再吵了，惊喜地对韩信说："小兄弟，你说说看，怎么分？"围观的人也一个个瞪大了眼睛。

只见小韩信不慌不忙地对油店老板说："你这缸里共有几斤油？"

老板甲说："十斤。"

小韩信又问："你这葫芦能装几斤？"

老板乙答："三斤。"

"这个罐子呢？"

老板乙又回答说："七斤。"

小韩信这才对老板乙说："请你先将葫芦装满，分三次装进油罐里，直到装满为止。"

老板乙照做了，小韩信问老板乙："现在你葫芦中还剩几斤？"

老板乙回答："还有二斤。"

韩信又问老板甲："缸中还剩几斤？"

老板甲说："剩一斤。"

韩信又对老板甲说："请你把罐子里的油全部倒入缸内，把葫芦里的油倒入罐内，想想看，缸内几斤？罐内几斤？缸里比罐里多几斤？"

老板甲说："罐里二斤，缸中八斤，缸中比罐里多六斤。"

众人一听，高兴地抢着说："再从缸中灌出一葫芦不就分开了吗？真是好办法！"

两个老板笑着对韩信说："小兄弟，太谢谢你了。"众人也齐声称赞："好聪明的孩子。"

胯辱励志

前文说过，韩信幼年聪慧，学文过目不忘，习武一点就通。但后来因为满足于一知半解，所以长到十多岁时，仍然文未成篇生辉，武未炉火纯青。他后来之所以能成为汉朝的杰出将领，是和少年时代的无故受辱分不开的，正是那次众所周知的"胯下之辱"，使他长了志气。

那年韩信刚满十五岁，身材已有七尺。因他父亲早丧，没有给他留下其他财富，只有一把利剑，是他的全部家产。韩信自幼用这把剑习武，很是珍惜，常常挂在腰间。由于他当时武艺不精，又剑不离身，有点装模作样，所以常常受人讥笑，就连比他小的孩子也瞧不起他。

这一天，韩信又腰挂宝剑外出游逛，见一个孩子也在练武，围观的群众不断叫好。他没挤进去观看，照常走他的路。但那练武术的孩子却看见了他，便停下练武，上前拦住韩信，当面嘲笑说："韩信慢走。我来问你，你也是天天习文练武，但到现在还是文不精，武不透，还天天腰挂宝剑出来溜达，装模作样，难道就不知羞耻吗？"

韩信抬头一看，见是屠户的儿子，便没有作声。因为他知道，屠户的孩子年龄虽然比自己小，但武艺是远近闻名的，自己是惹不起的，所以只好不作声。

那屠户的孩子见他不说话，更加得意，便进一步羞辱韩信说："你别不说话，我今天就想看看你有没有胆量。如果有胆量，就刺我一剑，我就放你过去；如果不敢，那就得从我的裤裆下钻过去！"屠户的孩子说毕，便叉开两腿，站立在路的中央，挡住韩信的去路。

韩信见屠户的儿子如此羞辱自己，不由得血往上涌，两眼冒火，恨不得一剑将他刺死。但韩信又一想，鲁莽不得，如果一剑将他刺死，自己就要犯法坐牢；再说谁知道他会不会还手呢？如果他还手，自己必败无疑，到时候不是更丢人吗？只怪自己平时不肯用功，武艺不精。想到这里，韩信把火压了又压，最后忍辱将身子匍匐在地上，从他的裤裆下爬了过去，惹得围观的群众哈哈大笑。韩信也只得紧咬钢牙，跑回家去。

韩信受了"胯下之辱"，羞愧得无地自容。他从此深刻地认识到：人不刻苦磨炼，就学不到本事，人无本事就要受人欺侮。于是，韩信便关门闭户，苦读兵书，一心练武，再未挂剑外出溜达。一晃半年过去，韩信终于掌握了文武的真谛。

不久，韩信几经周折，以文武全才被萧何推荐给汉王刘邦，任命为大将。此后，韩信又以"明修栈道，暗度陈仓"的妙计，打败章邯，拉开了楚汉战争的序幕。在楚汉战争中，韩信率领大军，南征北战，最后在垓下，又用"十面埋伏"和张良的"四面楚歌"之计，使项羽兵败逃亡，后自刎于乌江。他帮助刘邦取得了汉室天下。

6. 司马相如改名

在我国古代第一部诗歌集《诗经》中，有着赋、比、兴的不同的表现手法。其中赋，到西汉武帝刘彻时，发展到鼎盛时期，史称"汉赋"，而汉赋最有代表性的作家，就是司马相如，有人称他的作品是汉赋之最。

司马相如的一生，有着许多传奇性的故事，其中改名的故事，集中反映了他从小虚心好学的精神。

司马相如，姓司马，字长卿，小名犬子。出生于公元前179年，蜀郡成都（今四川成都市）人。他虽然家境不富裕，但父母见他聪明伶俐，便省吃俭用供他读书。小长卿倒也争气，学习刻苦用功，老师教过的东西，他过目不忘，经常受到表扬。时间一久，小长卿渐渐滋长了骄傲自满情绪，瞧不起那些学习差的学生。那些学习差的学生也不相让，见他有口吃的毛病，说话费劲，常常当面模仿取笑、羞辱他。

有一天，老师课堂提问，两个富家子弟答不上来，长卿却答上来了。但是由于口吃，引得其他学生大笑，特别是那两个富家子弟，笑得更欢，洋洋得意，把老师也引笑了。这一来，可气坏了小长卿，他恨死了那两个富家子弟。下学后，他便旁敲侧击地讽刺那两个富家子弟道：

家有财产千千万，仨钱俩钱不会算；

成天上学不识字，误把斧字当爹念。

那两个富家子弟也不相让，道：

天生一张结巴嘴，说话挤眼唇发颤；

今天听完头一句，要听下句等明年。

这样你来我往，三说两说就要动手打架。幸亏老师出来，把双方都狠狠批评了一顿，架才没有打起来。

小长卿感到受辱太重，第二天便没去上学，第三天也没去。到第四天，老师找到他问："为什么不去上学？"小长卿说："我口吃，讲话困难，学问再大也没用处。不想上了。"老师说："你聪明好学，将来必然成才，怎能因为有点口吃就半途而废，你的病根子不在这里，而在于你瞧不起别人，别人才会羞辱于你。"然后，便给他讲了许多历史故事，使他才又树立了学习成才的信心。

在众多的历史故事中，使他最感兴趣的是廉颇和蔺相如的故事。这个故事说：战国时期，秦强赵弱，秦王为侵吞赵国一块价值连城的璧玉，假意提出要用十五座城池与赵国交换，赵国若不答应，秦国就会找到进攻赵国的借口，赵国君臣束手无策，关键时刻，蔺相如挺身而出，自愿出使秦国，并以他卓越的才华和大无畏的精神，既为赵国保住了璧玉，又揭露了秦王企图以强凌弱的用心，后来，蔺相如因功封相，引起老将军廉颇的不满，处处寻机相辱，蔺相如这时的地位虽然高于廉颇，却以国家利益为重，处处相让，终于使廉颇受到感动，主动登门负荆请罪。这事成为历史上的一段佳话。

小长卿不仅佩服蔺相如的勇气和谋略，更佩服他的宽广胸怀和谦虚谨慎的高尚品德。与其相比，自己只是书念得比别人好一点，就看不起别人，真是太不应该了。为了吸取这个教训，他便将自己的名字改成了司马相如。

从此，司马相如不但学习刻苦，而且处处虚心向人请教，学人之长，补己之短，再也没人拿他的口吃开玩笑了。

7. 班超立志通西域

班超，字仲升，出生于公元32年，扶风平陵（今陕西咸阳市东北）人，是我国东汉时期著名的外交家和军事家。他曾代理司马职务，随窦固出击匈奴，后又出使西域各国，因功绩卓著，拜为司马。和帝年间，封定远侯，官至太尉。

班超出生于一个世代书香家庭，他的父亲班彪是个很有学问的人，生前准备续写《史记》，已有《后传》六十五篇；他的哥哥班固也是个史学家，在父亲去世后，完成了《汉书》的写作。他的妹妹班昭也是著名的才女、神童。

班超的家庭环境，给他创造了得天独厚的学习条件。他在父亲、哥哥、妹妹的熏陶下，养成了读书的习惯。他在妹妹的影响下，喜欢读《诗经》；在哥哥的带动下，喜欢读《论语》；父亲见他生得壮实强健，是员战将的材料，便引导他读《孙子兵法》；然而他自己，却喜欢研读《春秋》。所以，当他长到十一二岁的时候，就已是"有口辩，而涉猎书传"了。

从东汉建武六年开始，匈奴由弱转强，到建武二十年，几乎年年侵扰东汉边境，使得边陲百姓流亡，经济萧条。朝廷为保卫边陲，不得不连年和匈奴作战。匈奴战术灵活，汉军一击，它就退去，汉军一撤，它又卷土重来，使得朝廷大伤脑筋。

为了对付匈奴，光武帝刘秀一方面派军常驻边境，随时抗击匈奴；另一方面，组织一批能人志士，认真分析匈奴和西域的形势，希望能从根本上找出安定边境的策略。班彪和班固都是当时有名望的学者，当然也不例外。他们找来历朝有关匈奴和西域的大量文件和书籍，认真分析匈奴、西域的历史，详细研究它们在各个时期和中原的关系，为朝廷提出了不少关于解决匈奴和西域问题的对策。在这过程中，年只十三四岁的班超，也千方百计地参与了研究。有一次，在他翻阅历史资料时，忽然看到了西汉张骞和傅介子通西域的光辉业绩，很是敬佩，情不自禁地叹道："好男儿就该有此大志！"

班彪听后，惊问道："超儿，你看到什么了，竟使你如此动情？"

班超说："等我长大后，一定要像张骞和傅介子一样，出使西域，立功封侯。"

班固不同意，说："不好好读你的经书，怎么也参与起大人的事来了？"

班彪说："固儿，你错了。超儿年纪虽小，能有这种志向，也很好啊！班氏家族历来以文著称，如能再出一员战将，岂不更好？我早说过，超儿像个战将的材料！"

班超见父亲同意自己的见解，心中十分高兴。从此，便把学习的主要精力，放在了对西域问题的研究上。

后来，班彪病逝，班固被调往京城任校书郎，班超和母亲也随之迁入洛阳。

班固每年只有一百石谷子的俸禄，要养活全家是很困难的。班固见弟弟年龄也不小了，为了养家糊口，便给他找了个抄书的活干。开始，他抄得还蛮有劲，时间一久，不但感到枯燥无味，而且累得头晕眼花。终于有一天，他抄着抄着，突然拍案而起，投笔于地，高声说道："男子汉大丈夫，不去边境建功立业，成天在笔墨中谋生，真是没出息。"

当时，同事们听了他的感叹，没有不嘲笑他的。但这事被奉车都尉窦固听说了，很是重视，便任命他为假司马（在军中代理司马），让他和郭恂一道出使西域各国。由于他多立战功，迫使西域各国主动与汉朝和好，班超被加封为定远侯。

于是，"投笔从戎"便成了一段佳话，后又演变成一个成语流传下来。

8. 邓绥十二岁通经书

邓绥是东汉和帝的皇后，以谦和忍让与贤惠而著称，连临两朝听政而显其才，可谓中国历史上一个杰出的女政治家。

在她六岁的时候，就有一个雅号叫"女诸生"，即女秀才的意思。由此可知，她在童年的时候，就已经是一个很有学问的小才女了。

邓绥，原籍南阳新野（今河南新野县）人，公元80年出生在一个贵族世家。她的祖父邓禹，是东汉的开国功臣，以战功卓著被封为太傅，晋爵高密侯；她的父亲邓训，官为护羌校尉；她的母亲阴氏，是东汉开国皇帝刘秀的皇后阴丽华的侄女。

父母的良好素质，给了她一个颖悟非凡的脑瓜；官宦家庭给予她一个优裕的环境。然而，邓绥没有把这些当作嬉戏游乐的资本，而是把它变成了渴求知识的动力。

在她刚刚一周岁的那天，邓府为她过生日，府中上下都送礼物给她，母亲送给她一枝花，她抓过来扔掉了；父亲送给她一块碧玉，她又抓过来扔掉了；其他人送的东西，她连看都不看一眼，就用小手拨到一边去了。最后，祖母给她拿来一本书，她却抓过来翻个不停。祖母高兴地说："常言道：'将门出虎子'，看起来我们家要'将门出才女'了。"从此，祖母对邓绥便另眼相看，十分喜欢，而且承担了每天教她读书识字的任务。

小邓绥的确聪明，过目不忘，祖母每天教十个字，她会十个；教一百个，她能记一百个。到她四五岁的时候，祖母感到再教邓绥已是力不从心了，索性命儿子给她请来一个家庭老师，开始教她学起《四书》《五经》来。当邓绥长到六岁的时候，已能诵读史书；到十二岁时，便能熟读《诗经》《论语》，而且能解说微言大义。

东汉明帝时重视太学，并在南宫创办了贵族学校，让外戚樊氏、郭氏、阴氏、马氏等子弟入校学习。邓绥的哥哥们借助阴氏一门的关系，得以到学校读书。因邓绥是女孩，不得入校学习。但她不甘心，便找来经书自学，遇有弄不明白的地方，便等哥哥们下学回来后请教，她提出的一些问题，往往连哥哥们也回答不出，只好由哥哥带到学校问老师，然后再来给邓绥解释。为此，家中上上下下，都常常在开玩笑的时候叫她为"诸生"。

她的父亲见她秉赋不凡，很是器重，每遇到疑难问题，总要先听听她的意见后再定。她的母亲阴氏见她酷爱经书，不习女红，曾责备她说："你一个女孩家，不学针线，专习经书，难道想做女博士吗？"邓绥听了，只是一笑，不作回答。不过，为了不让母亲生气，她便白天学女红，夜间读经书。

邓绥自幼不仅爱读书，且善解人意，从不愿做别人不满意的事，也不愿说别人不满意的话。已经说过，邓绥自从生日那天抓了一本书，祖母很是喜欢，主动教她读书识字。后来，自从给邓绥请了老师，祖母总觉得不能给孙女做点什么而有些内疚。此时，邓绥虽然只有五岁，对祖母的心情却体贴入微。为了不让祖母内疚，她便主动去找祖母为自己理发。

祖母说："孩子，我年纪大了，眼也花了，理不好，还是让你母亲去理吧！"

邓绥却故意撒娇说："我谁也不让理，非让祖母给我理，就是理得不好看我也高兴！"祖母开心地笑了。

从此，祖母便经常给她理发。有一天，邓绥又来让祖母理发，祖母令侍女拿来了梳子和剪刀。祖母在这次为她理发的过程中，终因人老眼花，不慎用剪刀误伤了她的前额，痛得她不由得一动，祖母立即停止，吃惊地问："怎么了，伤着肉了吗？"

邓绥强忍疼痛，连忙坐好说："没有，理吧！"

左右侍女见了，都未敢吱声。事后，侍女们问邓绥："明明伤着肉了，你为什么说没伤着？难道你不知道痛吗？"

邓绥说："并非我不知道痛，实因祖母太疼爱我，倘若我叫起疼来，祖母一定会自责难过的。所以，我宁可忍受一点皮肉之苦，也不愿祖母由此而伤心啊！"

后来家人知道后，没有不称赞邓绥心地善良的。

公元92年，12岁的邓绥因其才华和贤慧被汉和帝刘肇选入宫中，立为贵人。由于她自幼知书达理，心胸豁达，入宫后恭顺谨慎，进退有法度，深得和帝宠爱。

有一次，她偶患小疾，和帝令她的母亲和兄弟入宫探视。邓绥却拒绝说："宫禁至重，外戚人等是不能入内的。皇上的心意，我领了，但我不能因此使陛下有幸私之讥；如果这样做，连臣妾也要被人说闲话的。"于是和帝对她更加敬重。

公元*102*年，和帝皇后阴氏因"巫蛊"案发被废，邓绥被册立为皇后，她以身作则，提倡朴素节俭，为后宫作出表率。

公元*106*年和帝死后，她连着两朝辅佐幼帝，前后听政长达*16*年。听政期间，她整顿纲纪，以经治国，注重教育，重用人才，勤政爱民，未有大失，充分显示了她的卓越才华。

9. 王粲强记复棋

王粲，字仲宣，出生于公元*177*年，山阳高平（今山东邹县）人。他的曾祖父王龚、祖父王畅，都在东汉末年官居三公，他的父亲王谦为大将军长史。

王粲出生在这样一个富贵家庭，有着优越的学习条件，加上他聪明好学，到七八岁时，便能书文写诗，且感情充沛，语言刚健，受到当时著名学者蔡邕的赞赏。汉献帝时，王粲为左中郎将，年仅*17*岁；后仕魏，官至侍中，参与制定法规制度，多有建树。在文学方面，王粲为"建安七子"之一，有文集流传世间。

王粲小的时候，博学多识，问无不知，尤以强记默识有名。约在王粲八岁那年的一天，王粲放学回家，来到土地庙前的一棵大树下，看见牛老汉和吕老汉又在下棋。他们是老对手了，总是和棋多，输赢少。为什么呢？因为这两位老人都不服输。如果牛老汉输了，吕老汉再有急事，也得下第二盘；如果吕老汉输了，牛老汉只要家中不着火、不死人，就得接着下第三盘，一直到和棋为止。为了不误吃饭和睡觉，最后一盘都须下和棋，其中一位当然要有意识地让让步。

也许正是两位老汉有这个特点，每到吃饭前的一局，不少人都想来看个热闹，还往往有好事者，提前吃过饭去看，用激将法使他们下赢棋，故意让他们饿着肚子继续下。

小王粲也觉得这两位老人下棋有趣，常常下学后去看一会儿再回家。这一日下学比较早，他便和往常一样，站在一边，认真观看。谁料那位吕老汉也许看到了一步好棋，心情急了一点，刚拿起自己的棋子要走，不慎袖口挂住了棋盘角，一下子把棋盘掀翻了。牛老汉说吕老汉见棋要输了，故意把棋盘掀翻了，吕老汉则不服气地说："你拉倒吧，我这一子下去，管保把你杀个稀里哗啦！"

两人互不服气，各不相让。

王粲见状，拨开看热闹的人挤进去说："两位老人家有啥可争的，再把棋重新摆上接着下就是了。"

有位看热闹的说："讲得轻巧。棋盘掀翻了，棋子混了，神仙也难重摆上！"

王粲说："如果两位老人信得过，我可以重新摆上！"

另一位看热闹的则说："一个小毛孩子，逞什么能！那么多棋子，你能记得清每个棋子的位置？"

王粲说："试试看嘛！"

两位老人也不相信，但见王粲那么有信心，也就同意了。

于是，王粲不慌不忙，将棋盘翻过来放好，把棋子一一捡起，又一个一个摆在了棋盘上。

两位老汉看了，不由得异口同声地惊呼道："唉呀，果然一点不错。"

围观的人见状，也都目瞪口呆。

有人提出："这只不过是一次巧合，叫他蒙准了。再让他重新摆一次，就不准了。"

于是，两位老汉用头巾将棋局盖住，另找出一副棋来，让王粲再摆。

王粲重摆之后，和用头巾盖住的那局棋一对照，仍然一子不差。

于是，王粲的"强记默识"奇才，就这样被流传开来。

10. 裴秀年少称"领袖"

裴秀，字季彦，生于公元224年，河东闻喜（今山西闻喜县）人。他一家三代都为尚书令。其祖父裴茂，是东汉尚书令；他的父亲裴潜，是曹魏朝尚书令；他本人则是西晋武帝司马炎朝尚书令。

裴秀小的时候，虽然聪明过人，勤奋好学，八岁就能写出一手好文章，但在家中却没有地位，不被疼爱。这是因为，他的生母出身微贱，又是裴潜的妾室，在家中地位低下。当时，社会门第等级观念严重，母亲地位低下，做儿子的地位就可想而知了。所以，裴秀自幼不仅不受宠爱，还常常受到嫡母，即父亲正妻宣氏的歧视。当时，由于他的父亲裴潜在朝为相，一年中难得回家一趟，家中事务全由他的叔父裴徽主持。裴徽也是一个很有名望的人，常有很多人前来拜访，可谓"宾客满堂"。每次宴请客人，嫡母宣氏总是把裴秀当仆人一样使用，命他去端饭送菜，服侍客人。

但裴秀并不以此为耻。因为他知道，能被叔父宴请的人，都不是平常之人，在社会上都有一定的名望。为此，他把接待这些人，当作一个难得的学习机会。在接待过程中，每逢端饭送菜，他都言语谦诚，举止有礼，并借机和客人交谈几句。客人见他如此虚心好学，都很喜欢他、尊重他，常常是有问必答，从不厌烦。甚至有些客人临走的时候，如果他不在场，还要专门去看看他。他的叔父知道后，很是高兴，便让他和自己一起接待客人。后来，再遇客人来访，其接待规格皆由裴秀自定，需要引见给叔父的，便引见；不需要的，由他自己接待应对。

97

宣氏看到这种情况，感到此儿非同一般，将来必成大器。为今后计，就改变了对裴秀的态度，再也不敢把他当仆人一样使用了。

由于裴秀勤奋好学，谦虚谨慎，在他十多岁的时候，便享有很高的声誉。时人常说"后来领袖有裴秀"，后又简称他为"后进领袖"。在这里"后进"两个字的含义与现在不同，并不是指先进的反面，而是"后来者居上""后生可畏"的意思。

裴秀长大后，由渡辽将军毋丘俭推荐给大将军曹爽，初为掾吏，袭父爵清阳亭侯，迁黄门侍郎。曹魏被推翻后，晋武帝任命裴秀为司空。他担任司空职务四年，政绩显著，堪称当世名公，著有《禹贡地域图》留于后世。

公元 271 年，裴秀去世，时年 48 岁。葬仪非常隆重，谥号为元。

11. 夏侯荣过目不忘

夏侯荣，字幼权，沛国谯（今安徽亳州市）人，魏国大将夏侯渊的小儿子。

据史记载，夏侯荣从小聪明敏慧，父母甚是喜爱。他三岁时，母亲就开始教他识字读书；到四五岁时，已熟知诗、书、礼、乐；刚刚七岁，就已经会写文章。他读书十分刻苦，也十分认真，兴趣很广泛，对文学、史书、兵法等都非常喜欢。他还有一种奇才，就是日读千言，过目不忘。开始，他的母亲将夏侯荣过目不忘之能告诉了夏侯渊，夏侯渊深知儿子聪明过人，但对他能过目不忘，半信半疑。

这一日，夏侯渊退朝，回到家中，见儿子正读《孙子兵法》，顺口问道："你小小年纪，读兵书有什么用？"

夏侯荣瞪大眼睛回答："好和您一块儿出兵打仗呀！"

夏侯渊说："那是长大以后的事，现在就你这个年龄，应该先读一些经典著作，长大后再学兵法才是。"

夏侯荣见父亲如此说，不由道："您读兵法时不是也只有七八岁吗？况且，对于经书，我已熟知，现如不读兵法，等随您打仗时再学不就晚了吗？"

夏侯渊见儿子说得头头是道，便想测验一下，以检验他过目不忘的本领是不是真的，遂说道："好。可是你读兵法，能记得住吗？"

夏侯荣回答说："记得住。父亲如不信，可当场测试嘛！如记不住，我不读便是。"

于是，夏侯渊拿过兵法，捡夏侯荣已经看过的让其复诵，夏侯荣遵命复诵，竟一字不差。

仅此一举，夏侯荣"诵书日千言，经目概识之"的名声便传遍了京师。

魏文帝曹丕听说后，大为震惊，他不信天下真有如此"过目不忘"的奇童。

这一日，曹丕散朝之前，令人将早已挑选好的名士百余人传到殿中，由书记官记录每个人的姓名、年龄、职业及其家庭住址。在记录时，曹丕让夏侯荣在旁边逐一过目。尔后，把人的前后顺序打乱，再次让夏侯荣逐一辨认，说出每个人的姓名、年龄、职业和家庭住址，书记官拿着记录本当场对照。结果，夏侯荣没有一项说错。文帝这才深信不疑，满朝文武官员及一百多位名士，也都赞叹不已。

从此，夏侯荣便被批准随父征战。在征战中，夏侯荣不仅谋略多，而且作战十分勇敢。

有一次，夏侯渊去汉中打仗，不慎兵败，带兵突围逃走，夏侯荣发现还有两人未突出重围，便掉回马头，前去营救。左右对他说："不要管那么多了，赶快逃吧！"夏侯荣却拒绝说："我是主将的儿子，看着两位属下身陷敌中而不去拼死相救，义字何在？"言毕，骑马冲入敌营，奋力厮杀，最后终因寡不敌众，战死阵中。

当时，夏侯荣年仅十三岁。

12. 孔融智讽陈韪

我国古时候，许多在文学方面有成就的人，在小时候就才思敏捷，能言善辩。被列为三国时期"建安七子"之一的孔融就是其中一个。

孔融，东汉末期鲁国人，生在孔子的家乡山东曲阜。孔融从小喜欢读书，聪明过人，口齿伶俐，能言善辩，十岁时随父亲来到京城洛阳。

当时洛阳有位名望很高的郡太守李膺，很受人们尊重，每天去拜望他的人十分多。他除了见有地位的人及本家亲戚，其他客人都不接待。

当时才十岁的孔融也很想去认识一下很有名望的李膺。他并不怕他不接待，他自有办法。一天，他独自来到李府，迈步就要进去。守门的人见一小孩要进李府，便出来拦住，问道："你是谁？"

孔融满不在乎地对门卫说："我叫孔融，是李府的亲戚，今日特来拜访。"门卫见他胸有成竹的样子，忙去禀报李膺。

李膺听说亲戚来访，忙起身，整衣理冠，出门相迎。出门一看，见是个眉目清秀、唇红齿白的小孩，自己从未见过，心中十分纳闷。他疑惑地问："你跟我是什么亲戚关系？"

孔融连忙施礼，高声答道："门外不是讲话的地方！进了屋再告诉您。"李膺想知道个究竟，就引他到客堂。孔融这才说："我是孔子的二十代子孙，您是老子的后代，从前孔子曾经向老子请教过周朝的礼仪制度，有亲密的师生关系。我和您都是他们的后代，所以也称得上是世交了。"

李膺和堂上的人听了，都很惊奇，都觉得一个十来岁的小孩能讲出这样的话来，真不简单，都伸出大拇指，纷纷称赞。李膺便把他留下来，和大家一同叙谈。

过了一会儿，中大夫陈韪进来了。有人忙把孔融刚才说的话讲给他听。陈韪是个自高自大的人，从来不把别人放在眼里。他翻着白眼望了望孔融，一点儿也看不起他，因为见他是个十来岁的小孩，就说："小时了了，大未必佳。"意思是说，别看他小时候聪明，长大了不一定有出息。"

孔融一见陈韪那副瞧不起人的样子就不舒服，所以马上针锋相对地回敬他一句："如此说来，先生您小时候一定是非常聪明的了。"

陈韪原想贬低孔融，因此说小时候聪明长大了不一定有出息，没想到反而引火烧身。孔融非常巧妙地以子之矛，攻子之盾，把话接过来，反而讽刺陈韪。

在场的人听了孔融的巧妙回答，都大笑不止。陈韪却面红耳赤，气得无话可说，在朋友中丢尽了脸。

《后汉书·孔融传》称孔融"幼有奇才"，长大后，能诗善文，成为著名的文学家。

13．赵云拜师

赵云，字子龙，常山真定（今河北正定县）人，是三国时期刘备属下一位著名将领，以在当阳长坂坡救阿斗的忠勇行为而扬名，刘备称他"一身都是胆"。历任翊军将军、中护军、征南将军等职，封永昌亭侯。

赵云小的时候，有一个拜师学艺的故事。

赵云自幼丧父，家中贫寒，无以生计，全靠母亲纺纱织布维持生活。父亲去世前，赵云也读过书，学过字，但他最喜欢的还是舞枪弄棒。每当艺人来到村中表演，他便去看，看会几招，回家就练。每每听说哪个村中有会武术的，他便登门求教，然后自己苦练。久而久之，到他十岁左右的时候，虽然不懂系统的武术套路，但也掌握了不少武功招数。

有一天，他正在门口练习，忽有一位童颜鹤发的道士路过这里，被他那刻苦练武的精神所感动，便停下观看，看到好处，也不由得拍手叫起好来。

这一叫好，赵云便停了下来，他认为老人是个内行，便上前施礼问道："道长，您会武功吗？如会，就请您教我两招吧！"

老道长见赵云对学武功如饥似渴，便笑着对他道："孩子，很抱歉，我不会武功。不过，我却认识一位武林高手，你若经他指点，保准能学到天下第一流的武功！"

赵云一听大喜，急问道："请问道长，这位高人现在何处？我一定前往拜师求教。"

老人说："离这里很远，你这么小的年龄，怎么能去得了？"

赵云说： "不怕，再远也不怕。我一个月走不到，就走两个月，两个月走不到，就走三个月，直至一年，甚至两年，一直走到为止。"

老人见他决心如此之大，就对他说："那好，我告诉你，此人就是太行山玄武洞的玄真道长，你就去拜他为师吧！"

赵云听后，立即回到家中告诉了母亲。母亲因他年龄尚小，开始不同意他去。后见他主意已定，再三央求，也就不再阻拦，给他做了些干粮，还让他带上盘缠，便送他上路了。

一路上，赵云风餐露宿，饥了啃干粮，渴了喝泉水，困了睡在破庙里、小路边。鞋子磨破了，脚上起了很多血泡，走路一拐一拐的，他不叫苦，不喊累。不久，干粮吃光了，盘缠花完了，他便沿途乞讨，继续前行。

就这样，经过千辛万苦，赵云一直走了七七四十九天，终于来到了太行山玄武洞。

可是，当他来到玄武洞后，只见洞门大开，却不见人影，急得他高声喊道："玄真道长，您在哪里？赵云求您收做徒弟来了！"

但是，回答他的，只有山间回响。

赵云此时又饿又累，加之连日奔波，又见没人应声，便在洞门口蹲了下来，准备休息一会儿再说。不料，他这一蹲，竟蹲在山洞门口睡着了。

赵云也不知睡了多长时间，当他醒来的时候，已经躺在洞中的一个床上了。他忽然发现，在他身旁坐着一位道长，正是在自家门口遇到的那位老人，不由得惊喜万分，赶紧下床跪倒在地说："道长，就请您收我为徒吧！"

玄真道长说："孩子，你经过千难万险，来到这里，我一定会教你武功的。不过，你先休息几天再说吧！"

赵云着急地说："师傅，我不累，您现在就教我吧！"

道长见赵云学武心切，不忍再拒绝，便答应了他。

从此，赵云在玄真道长的精心教导下，勤学苦练，从不懈怠。两年后，他终于练就了一身武艺，后来投靠刘备，成了三国时期一位著名的战将。

14. 鲁肃十五岁献粮

鲁肃，字子敬，出生于公元172年，临淮郡东城县（今安徽定远县）人，东吴将领。公元208年，曹操率大军南下，企图一举灭吴。他和周瑜主战，反对投降，并积极主张联合刘备，共同对抗曹操，备受孙权信赖，被任命为赞军校尉，协助周瑜大破曹军于赤壁。周瑜死后，鲁肃拜奋武校尉，代周瑜领兵，后拜汉昌太守、偏将军，转横江将军等职。

鲁肃自幼父母双亡，靠祖母抚养成人。他从小性格开朗，重义轻财。他的家庭为当地富户，他除利用父亲给他留下的大量财富读书外，经常救济贫困百姓。因此，他的年龄虽然幼小，当地百姓却很尊重他。

公元184年，黄巾起义爆发，汉室惊慌失措，四处派军镇压。这些官兵打不过起义军，却借着镇压起义军之机，到处烧杀抢掠，闹得百姓不得安宁。年仅十二岁的鲁肃主动组织村民练兵习武，保卫家乡，不但多次打败了盗贼，连官军也不敢随意进村骚扰，由是鲁肃远近闻名。

公元187年，孙策手下大将周瑜，听说东城鲁肃有胆有识，行侠仗义，便带人前来拜访。鲁肃闻报，急忙出迎，热情接待。此时，周瑜也只有十七岁。他见鲁肃年龄虽然比自己小两岁，但谈论天下大事，却头头是道，很是精辟，大有相见恨晚之意。鲁肃见周瑜年纪不大，已成孙策手下大将，也被激发出了干一番大事的决心，遂与周瑜结为知心朋友。

不久，周瑜奉命率人征粮，但民众身处战乱，日子朝不保夕，哪里还有什么余粮？没有粮食，就养不起军队，就对付不了虎视眈眈的曹操，保卫江南就成了一句空话。周瑜万般无奈，只好来向鲁肃求助。

鲁肃笑着对他说："此乃小事一桩，何不早言？我作为江南一卒，理应竭力相助！"说着，便带领周瑜来到家中后院，指着两个粮仓说："这是稻米两仓，各存三千余斗，给你一仓不就行了？现在我就派人送去。"

周瑜运粮回到东吴京都，孙权异常高兴，便问怎么这么快就筹集到如此多的粮食。周瑜说："这些粮食，是鲁肃一人所献。"遂将鲁肃如何少年勇武、胸怀大志的情况说了一遍，并建议请来重用。

孙权听后，高兴地说："我也早就听说了鲁肃的名字，但只恐徒有虚名，没有在意。既然确如所传，而我又正是用人之际，焉有不用之理？现就由你即刻前往相请吧！"

就这样，鲁肃经过周瑜的推荐，带乡民数百人，来到东吴，投奔了孙权。这年，鲁肃仅十五岁。

15. 牧羊娃张华成名相

张华，字茂先，西晋一代名相。他出生于公元 232 年，范阳郡方城县（今河北固安县）人。其父亲叫张平，当过曹魏朝的渔阳郡守。张华以牧羊为生，自学成才，又以著《鹪鹩赋》出名，受到晋武帝司马炎的重用。历任黄门侍郎、中书令、散骑常侍、度支尚书等职。公元 291 年，任中书监，加侍中、光禄大夫。

他是怎样从牧羊娃到一代名相的呢？这里也有一段动人的故事。

张华小的时候，父亲张平为渔阳郡守，家中虽不富裕，但供他读书还是没问题的。由于张华聪敏过人，一直是学生中的佼佼者，所以很受老师的器重。不幸的是，就在他学习日进的时候，他的父亲却因病去世了。这并不富裕的家庭，失去父亲那份微薄收入后，顿时陷入了困境。于是，张华不得不含泪离开学校，拿起羊鞭，做了放羊娃，开始以牧羊为生。

他的老师为他退学深感惋惜，且不忍看着他的聪明才智就此埋没，便找到他说："幼年丧父，这对任何人来说都是很痛苦的事。但是你聪明过人，不能因此而耽误学业。自古以来，靠自学成才的屡见不鲜，凿壁偷光的匡衡，放猪娃承宫，家中生活都很困难，但他们有志气，不都是自学成才的吗？你买不起书，可以随时找我借，有看不明白的，尽管来问，希望你退学而不退志。"

老师的一席话，使张华重新燃起了希望之火，他要自学成才！于是，他一边牧羊，一边坚持读书。放牧时，羊在山坡上吃草，他便席地而坐，读书不止。回到家中，他借月光照、借雪映，孜孜不倦。买不起书，他去借，借了抄，抄了读，夜以继日。有弄不明白的问题，他便去问老师，拜访名人，非学懂弄通不可。他读书的兴趣也非常广泛，读经典，嚼诗赋，十分精细。对图谶方技、兵家著述，他无所不猎。春去秋来，经过几年的努力，到他十五六岁的时候，不但学识广博，且工于文辞，辞藻华丽。他为人通达事理，胸怀宽广，赢得了乡人的普遍赞赏。

曹魏朝齐王属下有个中书监，名叫刘放，是他的同乡，被他的勤奋好学所感动，也非常欣赏他的志气和才干，不仅在经济上多方帮助他，还把自己的女儿嫁给了他。

张华的名气在家乡很大，但外界知道的还甚少。从他著了《鹪鹩赋》后，才一举成名。

《鹪鹩赋》，是他寄托个人情怀的作品，其内容大意是：鹪鹩是一只微不足道的小鸟，羽毛不美丽，也没有什么用处，肉也不鲜美，更上不了宴席。它没有力量去欺负同类，同类也不去伤害它，更不会引起人们的注意。鹦鹉虽然能学人说话，但却被关在笼子里，只能"变音声以顺旨"；苍鹰虽然异常凶猛，但也是"鸷而受绁"（鸷，凶猛的意思；绁，拴住之意）。鷦鹩和它们相比，倒是自由一些。当然，要和"弥手天隅"的大鹏相比，却有天壤之距。这就是所谓"比上不足，比下有余"吧。

陈留人阮籍，是魏晋时期很有成就的著名作家，"竹林七贤"之一，是当时很有影响力的诗人。在他看了张华的这篇作品后，被他的才气所折服，曾经深有感触地说："张华真是一个王佐之才啊！"从此，张华的名声便传播开来。

当地郡守鲜于嗣推荐张华为太常博士，同郡人卢钦听说后，向晋武帝推荐，被封为河南尹丞，后迁长史兼中书郎，一步一步地踏上了仕途。

16. 释道安夜诵经书

释道安，原名卫道安，生于公元 312 年，常山郡扶柳县（今河北冀州市）人。他自幼聪明过人，加之父亲精通儒学，故五岁时就开始学习经书，到七岁时，已读完了《诗》《书》《礼》《易》，父母很是喜欢。

就在他学业蒸蒸日上的时候，父母相继去世了，他生活无着，由他一个姓孔的表兄收养家中。表兄家中人口多，收入少，经济也不宽裕。然而，见他是个读书的苗子，宁可节衣缩食，也要供他继续读书。后来他见表兄家中实在困难，无力再供他读书，便到寺院出了家，时年只有十二岁，改名为释道安。在寺院中，他年龄最小，是一个小和尚。

释道安刚到寺院时，由于年龄小，并未引起师傅的注意，也不

107

传授他经书，只让他干些体力活。每日清早，让他下地种田，农闲的时候，让他上山砍柴。释道安无论干什么，都十分认真，一丝不苟。他以为，自己干活勤快些，表现得好些，定能引起师傅重视，早些传授经书。可是，一晃半年过去，师傅也没有传授经书的意思。一年过去，师傅仍不提传授经书的事。释道安沉不住气了，便悄悄问比他早来的弟子说："师傅何时传授我经书呢？"

比他早来的弟子道："你只干了一年活，就想学经书呀，做梦去吧！寺里有规定，新来出家的，都必须先干三年杂务。干得好的，师傅高兴了，传授经书；干得不好的，师傅不满意，十年也不一定能传授经书。"

释道安心想，寺里的规定，是谁也破不了的。三年就三年吧。于是，他又默默地干了起来。不过，他是喜欢读书的，一天不读书，他就好像丢了魂似的。所以，从分配他干体力活那天开始，他就一直没丢下书。师傅不给经书，他就继续读史书，先后读完了《左传》《春秋》《史记》和《汉书》等几十本经典著作。

三年终于过去了。这天傍晚，释道安干完活，收工回到寺中，洗过脸，吃过饭，来到禅房，见师傅正在闭目打坐，便跪在了地上说："弟子道安参见师傅！"

师傅连眼也不睁地问道："有什么事吗？"

释道安道："弟子来寺已经三年，请师傅传授经书！"

师傅这才记起了全寺中这位年龄最小的弟子，于是睁开眼，顺手从身边拿过一本叫作《辨意经》的书，递给他说："拿去看吧。不过，看经书可不能误了干活呀！"

释道安接过经书，回去后就如饥似渴地读了起来。第二天一早，释道安带着经书下地干活，利用休息时间看完了剩下的几页。晚上收工回来，洗过脸，吃过饭，又来到禅房，跪在地上说："师傅，《辨意经》

我已经读完了，请师傅给我换一本吧！"

师傅一听，大怒道："胡说，昨天晚上才拿回去的，怎么一天就读完了呢？你现在就背给我听，如有不实，定罚你再干三年活！"

释道安并没被师傅的震怒所吓倒，而是从容不迫地把一本五千余字的《辨意经》一字不漏地背了下来。

师傅听后大吃一惊，但没有说什么，便又给了他一本《成具光明经》。这本书，不但字数比上本多，有近万字，而且在内容上也比上本难懂得多。他之所以要挑选这本书给释道安，是想检验一下他这个小弟子的天分到底有多高。他万万没有想到，释道安拿回这本书后，读起来更加觉得内容新奇，也感到更加"解渴"，读得也更加有兴趣。结果，一本近万字的《成具光明经》，在不影响干活的情况下，他又一天读完了。第二天傍晚，释道安洗过脸，吃过饭，来到禅房，参见师傅。这次师傅未待释道安开口，便笑吟吟地问道："道安，你又读完了吗？"

释道安说："是的，师傅，弟子又读完了，请师傅检查。"

师傅拿过经书，让其背诵，释道安竟把这部经书从头到尾背得滚瓜烂熟。师傅高兴极了，他为自己得到一个如此才华出众的弟子而高兴。他当即站起身来，对释道安说："孩子，走，我领你去一个地方！"

随后，师傅拉起了释道安的手，来到藏经室，把锁着的经书橱全部打开，指着所有的经书说："从今天开始，这些经书你可随意挑选去读，你是我诸弟子中第一个有权来此房随意挑选经书的！"

从此，师傅再不让他去干杂活了，而让他专攻经书。释道安则像鱼入大海，如饥似渴地在经书的海洋中，尽情遨游起来。

公元327年八月，师傅为他受了具足戒，并准许他周游天下，到处求学。一年后，他来到邺城，拜在佛学大师佛图澄门下，研究佛学。

后来，他又来到山区，和高僧竺法济探讨梵文经典。

他每到一地，都虚心求教，取众家之长，补自家之短，终于成为我国佛学的一代宗师。

17. 皇甫谧顽童成神医

皇甫谧，复姓皇甫，名谧，字士安，自号玄晏先生。出生于公元215年，安定郡朝那县（今甘肃灵台县）人。西晋著名学者、医学家，他所著的《针灸甲乙经》是一部名垂千古的医学巨著。

但是，就是这样一个大学者、大医学家，小的时候，却是一个十分顽皮的孩子。

原来，皇甫谧是东汉名将皇甫嵩的曾孙，可是到了他父亲一代，家道已经衰落。由于兄弟姐妹多，难以养活，在他四岁时，便被过继给他的叔父。他的叔父和婶母见他聪明伶俐，十分疼爱，便教他读书识字。他一学就会，两遍能背，叔父和婶母更把他视为心肝宝贝。

皇甫谧长到六岁的时候，便已学完了《千字文》《孝经》和《诗经》。于是，在他刚刚年满七岁时，就被送到附近一所私塾读书去了。

皇甫谧上学后，开始学习很是刻苦，学习成绩在学校总是数一数二的，经常受到老师的表扬。但是，好景不长，在成绩面前，皇甫谧渐渐骄傲自满起来，学习也不用心了，还经常迟到早退。甚至有时上着课，他趁老师一眼看不到，便从桌子底下钻了出去，跑到外边玩耍。又有几个社会上的孩子，见皇甫谧贪玩，便经常引诱他逃学。开始，他们只是拉皇甫谧做游戏，后来就带他偷瓜摸枣，进而发展到拦截女孩，打架斗殴，使得那些正直好学的孩子，见了他们都躲着走，生怕被缠住，连大人们见了，也都摇头叹息。

有一次，皇甫谧和几个孩子跳墙到邻村的一户人家中，上树偷枣，被主人发现后，找到了学校。学校老师大怒，便将此事告诉了他的叔父，并要把他开除出校。叔父和婶母知道后，很是震惊。他们心中十分生气，再加上他虽然有时逃学，对叔父和婶母却是十分孝敬，所以仍舍不得打他，只是将他狠狠地批评了一顿，并领着他向老师赔礼道歉，才使老师又收留了他。

但是，皇甫谧并没有真正地悔过自新。相反，他觉得自己从没有受过叔父、婶母这样严厉的批评，感到自尊心受到了伤害，他认为这一切都是那个枣树的主人给他造成的，他要设法报复那个枣树的主人。当他把这想法告诉了他的小伙伴后，他们都很支持，并表示要帮助他去实施报复行动。

皇甫谧的报复"计划"终于想出来了，他对小伙伴一说，小伙伴都称赞他的"计谋"是个绝招，一个个兴奋得手舞足蹈。

这天，皇甫谧的婶母病了，皇甫谧拿出自己平时积攒下的零钱，买了不少水果回来，想让婶母高兴高兴。不料，当他刚刚来到婶母房中，把水果放在婶母面前的时候，婶母不但不高兴，反而难过得落下泪来，叔父也在一旁唉声叹气。皇甫谧不明就里，上前问道："家中发生了什么事，竟使您二老如此难过？"

婶母一边落泪一边说："谧儿，你在外边做的坏事还想瞒着我们吗？"

皇甫谧故作吃惊地说："我最近一直用心读书，没做什么坏事呀！"

婶母道："我们知道，谧儿向来是不会撒谎的，也许你已经忘记了。那么，我问你，你上次偷了人家的枣，为什么又把人家的枣树弄死了十多棵呢？"

皇甫谧一听，这才吓得变了脸色，低头不语。

原来，这正是皇甫谧为了报复，想出来的那招"计谋"。他根据

111

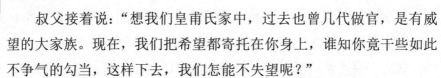

自己从书中看到的知识，在一天下午，趁那枣树主人不在家，和他的小伙伴一起翻墙进入院内，用小刀将每棵枣树连皮带肉刮去一圈，然后用泥巴糊上。由于去掉的一圈很窄，这家主人一时也没有发现。可是，半个月后，十多棵枣树忽然全部干枯死了。枣树的主人在查清确是皇甫谧所为后，找到了他的家中，使他的叔父、婶母不仅赔礼道歉，还拿出了十两银子作为赔偿，才将此事了结。

婶母在皇甫谧认账后，又耐心地对他说："孩子，我们知道你很孝敬我们，可是你只有好好做人，好好上学，使我们省心，才是对我们最好的孝敬！"

望着婶母那哭肿了的眼睛，听着婶母那无可奈何的语言，皇甫谧落泪了。

叔父接着说："想我们皇甫氏家中，过去也曾几代做官，是有威望的大家族。现在，我们把希望都寄托在你身上，谁知你竟干些如此不争气的勾当，这样下去，我们怎能不失望呢？"

皇甫谧听后，想想自己的所做所为，再也抑制不住内心的悔恨，不由失声痛哭。他一边哭一边对两位老人说："叔父、婶母，孩儿知道错了，你们狠狠地打我吧！只有狠狠地打我一顿，我心中才感到痛快啊！"

婶母道："谧儿是个聪明孩子，只要知道错了，就一定会改的！"

从此，皇甫谧幡然悔悟，再也不逃学了，把精力全部用在了学习上。不料，在他二十岁那年，身患痿痹病，导致手脚不方便，但在学习上，他却更加用功。他博览百家之言，史书称他："耽玩典籍，废寝忘食"；时人则称他为"书淫"。

也许正因为他身患痿痹病，所以才使他对我国古代医术产生了浓厚的兴趣，后来竟写出了《针灸甲乙经》这部惊世之作。

此外，他还是一位著名学者，多有著述，计有《历代帝王世纪》《年历》《高士传》《逸士传》《列女传》等传记，还有《玄晏春秋》并重于世。

18. 李德林和《三都赋》

李德林,字公辅,出生于公元532年,博陵安平(今河北安平县)人。北齐时以博学多才出名,为中书侍郎,撰修国史;北周武帝时备受宠信,授内史上士;隋朝时官至内史令。

李德林出身于官宦之家,书香门第。他的祖父李寿,在北魏时任湖州户曹,他的父亲李敬族以学问高深而为太学博士。东魏孝静帝时,命他校订书籍,很受信赖,官至镇远将军。

李德林在父亲的影响下,自幼喜爱读书。在他刚刚会说话的时候,母亲就开始教他识字,到三岁时,就教他读《诗经》。父亲李敬族对李德林学业上的进步也很关心,亲自过问。他每次办完公事,回到家中,便和儿子一块儿背《诗经》,有时还和儿子比赛,看谁背得快、背得熟。在比赛中,他常常故意背错,让儿子纠正,用以鼓励儿子学习的积极性。李德林的争胜心特别强,加之他天资聪颖,在父亲的教育下,一本厚厚的《诗经》,共计三百余篇,仅用半年的时间,便背得很流利了。

李德林学完《诗经》,又想读一些比《诗经》更难懂的书。李敬族见儿子记忆力惊人,索性把左思的《三都赋》给他找来。《三都赋》是西晋著名作家左思所著,从实地考察,到写作完成,前后整整用了十年的时间,长达一万字。这在我国古代所有诗赋中,堪称长篇巨著。然而,就是这部长篇大作,李德林只用了十天的时间,就背得滚瓜烂熟了。当时,李德林年只四岁。

四岁的李德林能背《三都赋》,这在当时的确是令人不敢想象的事,故很快便作为一大奇闻传开了。后来,消息传到了尚书左仆射高隆之耳中,以为是讹传,便亲去李德林的家中,把李德林叫出当面测试。

李德林毫无惧色，不仅把《三都赋》很流利地背了出来，一字不漏，而且回答了高隆之提出的几个问题，使其激动不已。高隆之回去后，无论见到亲朋好友，还是大小官员，总是高兴地称赞说："那的确是个旷世奇才！我敢断定，这孩子长大后，一定会成为天下难得的治国人才。"

京城中大小官员听他如此一说，也都感到惊异，争相前来，一览这位奇才童子的风采。于是，李宅门前，终日车水马龙，人来轿往，非常热闹，月余不息。

李德林十五岁的时候，就开始系统地攻读五经及古今文集了，每日数千言，长期坚持不懈。不久，李德林便成了一个博学多才的人。此外，他的学习兴趣十分广泛，上读天文，下读地理，就连阴阳八卦，他也潜心研究，力求精通。常言说："读书破万卷，下笔如有神。"李德林广涉群书，知识丰富，他所写的文章，更是取诸家之长，补个人之短，不仅立意新颖、笔法巧妙、别具一格，就是遣词造句也是汪洋恣肆、气势浑厚，令人赏心悦目。北齐侍中魏收，是当时的著名学者、文人，与温子升、邢子才同被世人称誉为"三才"。有一天，他和高隆之去好友李敬族家中做客，听说李德林不仅书读得好，文笔也很好，便让李敬族把李德林叫来，当场命题，令其著文。李德林稍加思索，便一挥而就。魏收看后，拍手叫绝，并对高隆之和李敬族说："依我看，敬族令郎的手笔，总有一天可以和温子升相提并论！"

高隆之听了，则哈哈大笑道："我说魏大人，你怎只把他和你们'三才'之一的温子升相比？莫不是有了妒忌之心？为什么不和老、彭相比呢？该不是怕李德林将来要超过你们吧！"

高隆之话中提到的老、彭两个人，其中的老是春秋时期的大思想家老子，又称老聃；而彭则是指商朝的大思想家老彭，又称彭祖。这两人都是传奇人物，据说是商朝以来的两位大贤，受后世崇拜。

高隆之将李德林和老子与彭祖相比，可看到其对李德林推重到何等程度。

李德林十六岁时，父亲不幸去世了，李德林亲驾车马，把父亲的灵柩送回故乡安葬。时正值隆冬三九，天气严寒，李德林按照古礼，单衣赤足，以示对父亲的哀思，州郡人等见了都赞其孝，对他很是敬慕。

不久，由魏收推荐，李德林做了北齐的中书侍郎，走上了仕途。

19. 陆琼八岁复棋局

陆琼，字伯玉，出生于公元 *537* 年，吴郡吴县（今江苏苏州市）人。他是南朝梁武帝时黄门侍郎陆云公的儿子，曾受命撰修国史，官至吏部尚书。著作有《陈书》四卷，还有文集二十卷。

陆琼的曾堂祖陆倕和父亲陆云公，小时候皆有"神童"之称。陆琼到五六岁时，就能识字背诗。陆琼记忆力特别强，有过目不忘的本领。他八岁时"棋乱复局"的故事，充分显示了他的这种才能。

南朝梁武帝很喜欢下棋，常要陆琼的父亲陆云公与他对弈。公元 *545* 年，梁武帝命陆云公校勘《棋品》一书。陆云公接受任务后，便常邀一些著名的下棋高手来共同研究，一边对弈，一边切磋棋理。

有一天，陆云公与来访高手下棋，八岁的陆琼站在一旁观看。在下棋过程中，或许是为某步棋有了争执，不慎扯动棋盘，结果乱了棋子。两人想把棋局恢复，继续对弈，可是在场的人谁也记不得原来棋子的位置，无法复局。两人很是扫兴，正准备收场。这时，站在一旁的陆琼略想了想，对父亲说："我可以恢复原来的棋局。"陆云公和在场的人听了，半信半疑。陆琼摆正棋盘，凭着记忆，把棋子一个一个地放上去，不一会儿，就摆好了。陆云公和在场的棋艺高手，看着棋盘，计算走过的步数，证实和散乱前的棋局一样。大家无不惊叹陆琼的记忆力。

梁武帝萧衍知道后，不大相信，便把陆琼召去，让人摆出一个棋局，令陆琼看过；然后，再让陆琼到另一张桌子的棋盘上重摆。陆琼摆毕，也是一子不差。

20. 祖莹将错就错

祖莹，字元珍，范阳道（今河北涞水）人。他是南北朝时期北魏的一位著名学者，初为中书学士，北魏孝文帝时拜太学博士。东魏时期，因建议迁都邺城有功，封文安伯。

祖莹小的时候，有一个上学拿错课本而将错就错的故事，显示了他的聪慧和机警。

祖莹的祖辈都是学者名士，曾在朝为官。父亲祖季真，才华出众，被任命为中书侍郎、巨鹿太守。

生在这样一个家庭，他还是婴儿时，便喜抓书本玩。父母从他学说话起，便开始教他识字。长到五六岁时，父母已要限制他的学习时间，否则，他会废寝忘食，累坏身体。据说，母亲为了让他早点休息，早早便把油灯拿走。小祖莹便在全家人人睡以后，再偷偷起来把炉火捅旺，借着炭火的亮光读书。父亲为此与他长谈数次，告诉他做大事也要有好身体的道理，小祖莹才开始注意劳逸结合。到八岁时，他已熟读诗书，能够写出文句漂亮的文章来了。祖莹"将错就错"的故事，就是在这个时候发生的。

有一天晚上，小祖莹读书过晚，第二天醒来迟了。他怕赶不及上课，早饭也顾不上吃，匆匆拿上书本，就跑去上学。

这天，老师讲《尚书》，小祖莹拿出自己的书本一看，顿时傻了眼，原来他错拿了《曲礼》。偏偏事有凑巧，老师讲课之前，竟点名要祖莹先把课文朗读一遍。他的同桌李孝怡知道他带错了书，见老师点名让他朗读，不禁为他担心起来，悄悄地拉了一下他的衣襟，示意让他换过自己递给他的《尚书》。只见小祖莹并不惊慌，没有接受同桌的好意，而是手拿《曲礼》，口中却从容不迫地念出《尚书》的内容来。念完三篇课文，老师表扬他一字不漏，还称赞他读出了原文表达的感情。

祖莹手拿《曲礼》背诵《尚书》，当时只有他的同桌李孝怡知道。下课后，李孝怡忍耐不住对小祖莹佩服的心情，便向老师和同学说明了此事。老师和同学听了都惊得目瞪口呆。

中书监高允听说这件事后，发出感叹："这孩子的才智，绝不是一般孩子所能达到的啊！"

从此，小祖莹的名声越来越大，十二岁便为中书学士，后又以才学被孝文帝所知，召入朝中，封为太学博士，从此走上了仕途。

21. 赵隐悲中明志

赵隐，字彦深，生于公元 507 年，山东平原人，但他后来自称是南阳宛人。他历经北齐六朝，官至宰相，是北朝时很有建树的一代名相。

赵隐的父亲为洛阳县令，在赵隐五岁那年便过早病逝，抛下他和母亲二人。孤儿寡母，甚是凄苦。母亲终日泪水不干，常常在赵隐睡觉以后，呆坐在赵隐的床边，两眼发直。她失去了对生活的信心。

一天晚上，母亲照顾赵隐睡下后，又是在赵隐床边呆坐。赵隐并没有睡着，想到母亲的担心，心中阵阵酸楚，闭着的眼中也滚出了豆大的泪珠。母亲正轻轻用手给他擦去，赵隐腾地从被窝中坐起，紧紧抓着母亲的手说："母亲，不要难过，我今后一定发愤读书，将来干一番大业，重振我们赵家门风。"母亲先是被儿子吓了一跳，听到年仅五岁的儿子说出来这样有志气的话，一下子把他搂在怀中，充满信心地说："好孩子，母亲一定要把你养大成人！"

赵隐说到做到，不仅用功读书，还挤出时间帮助母亲做些事情。没多久，他便以年少有志闻名乡里。

赵隐十岁那年，名声传到了北魏丞相崔光的耳中。崔光亦幼时家中贫穷，靠昼耕夜读成才。他便把十岁的赵隐召来，经过测试，将他留在了身边。几年后，赵隐在尚书令司马子如府中，有了一个写字的差事。司马子如见他办事认真，便多次举荐。终于，赵隐层层升迁，直至做了北齐的宰相。

22. 太史季少年斥权臣

太史季是齐国庄公时的史官，出身于史官之家，自幼养成了主张正义、正直无私的良好品德。当他怒斥权臣，宁死不说假话，使一向权尊势重的崔杼也奈何不得的时候，还只是一个十二三岁的孩子。

那是在公元前548年夏季的一天，齐国大臣崔杼为了独揽朝政大权，竟设计让他的妻子去勾引齐国国君庄公。当齐庄公因贪图女色，中计来到他的家中时，不幸被他杀死。尔后崔杼让史官太史伯隐瞒事情的真相，以齐庄公病死的情由记入史册。太史伯忠于职守，不畏权势，坚持按事情的真相将齐庄公死亡的经过记入史册。崔杼认为，按照事情的真相记载使自己太难堪，于是恼羞成怒，便将太史伯杀死了。

在当时，史官是一种世袭的职务。太史伯死后，由他的弟弟太史仲继做史官。崔杼又逼着太史仲按照自己的意思记载齐庄公的死因。太史仲也坚持照实记载，崔杼大怒，又将太史仲杀死。太史仲死后，由他的三弟太史叔继做史官，太史叔仍坚持照实记载，结果也被崔杼杀死。

太史叔被杀后，由他最小的弟弟太史季继做史官。崔杼认为，太史季还只是个十二三岁的孩子，肯定不会像他的三位哥哥那样固执，那样不怕死。为了哄骗太史季，崔杼不像以前那样粗暴，而是和颜悦色地问太史季："你今年多大了？"

太史季说："一十三岁。"

崔杼说："才十三岁就做了史官，真是神童之才。早就听说你聪明伶俐，好好干吧，只要你听我的话，保你今后官运亨通。"

太史季一听，明白了崔杼的用意，便不卑不亢地说："我只知道忠于职守，其他一概不知。"

崔杼听了，心想，说不定这个小家伙也和他的三个哥哥一样别扭，便恐吓他说："你的三个哥哥因为不按我的意思办事，都被杀死了，如果你也不听话，和他们是一样的下场！"

太史季想到了三位哥哥的惨死，怒火填膺，此时忍无可忍，便把两眼一瞪，怒斥崔杼："我的三位哥哥为坚持正义而死，他们死得光荣，死得其所。他们的死，定会受到后人的称赞、世人的尊敬。今日，我做史官，也和他们一样忠于职守，尊重事实。如果你以为我年纪小就会因怕死而不坚持记载事实真相，那你就大错特错了；如果由于我不屈从你而你要杀我，那就请动手吧！不过你要知道，你杀掉的只是几个史官，但你杀不完所有知情的人。他们会一传十、十传百，你是永远也杀不完的，你的罪名也是千秋万代抹不掉的。"

太史季一席话，铿锵有力、字字如石，砸得崔杼两眼发直，浑身发抖，恨不能一下子把这个小史官吞进肚子里。但他又一想，就连如此一个乳臭未干的小孩子都不屈服，何况大人呢？况且，自己杀死齐庄公之事，外边已有所知，又如何能杀得光呢？想到这里，崔杼只好一筹莫展地叹了一声："咳，如果你硬要如实记载，那就记去吧！"说完，他便垂头丧气地回府了。

小史官太史季的名字，也随着他惊人的才智和胆识而流传后世。

23．史青五步成诗

大约于唐朝开元期间，零陵（今湖南）出了一名杰出的少年，从小聪明好学，博闻强记，远近闻名。他就是五步成诗的史青。

一次，他向唐玄宗上表，毛遂自荐说："听说三国时曹子建七步内成诗，我却认为七步太多。如果陛下考我，臣可以五步之内成诗。"玄宗见表十分惊奇，开始以为是小孩口吐狂言，但转念一想，还是让他进京面试一番。因为玄宗十分爱惜人才，求才心切，当即下诏宣史青进京。

这一天正赶上除夕，唐玄宗在宫殿里召见了史青，以《除夜》为题，命史青作诗。除夜就是指当夜，即除夕之夜，我们俗称大年三十晚上。只见史青踱步思索，一步，两步……迈到第五步时便高兴地说："有了！"一首五言律诗便脱口而出。

今岁今宵尽，明年明日来。

寒随一夜去，春逐五更回。

气色空中改，容颜暗里摧。

风光人不觉，已入后园梅。

这首诗的意思是说：旧的一年马上随着今晚除夕夜而逝去，崭新的一年正随着明天而到来。寒冷的冬天将从此结束，大地将在五更之后又回到春天。冬春交替天空气色悄然变化，一夜里大家都悄悄地长了一岁。对于春天的来临人们还毫无觉察时，后园报春的梅花却正绽出了无数蓓蕾。

史青的诗既写景又写人，抓住了除夕特点，把冬去春来，大地气象将悄然一新的感觉描绘得淋漓尽致。唐玄宗连声称赞："果然五步成诗，才思敏捷，十分难得！"

不久，唐玄宗再出几题，史青都是在五步之内成诗，如《上元观灯》《竹火笼》等。

史青从小喜欢读书，平时苦练，非常勤奋，所以才思呼之欲出。"冰冻三尺非一日之寒"，五步成诗确实令人佩服。玄宗非常器重小史青的才华，破格授予他左监门将军的职务。

24．李泌七岁赋棋

我国唐代聪慧过人的儿童颇多，《新唐书》中记载的唐大臣李泌七岁赋棋的事情就是其中的一例。

李泌，字长源，京兆（今陕西西安市）人。他小时候就十分聪明，能赋词作文，知识渊博。

唐开元十六年的时候，一次偶然的机会使他脱颖而出。当时唐玄宗将各学派包括佛学、道学、儒学有学识的人物召入宫中研究学问，有个九岁小孩叫员俶的，是李泌的表哥，答辩如流，表现尤为突出，唐玄宗非常高兴。员俶说："我舅父的儿子李泌，比我还聪明呢，他才只有七岁。"他把小李泌推荐给玄宗，于是玄宗传旨，召李泌入宫。

李泌接旨进宫，刚好碰上玄宗与宰相张说下围棋。玄宗就让张说出题考考李泌。擅长文辞的张说说："请你赋'方、圆、动、静'这四个字。"

李泌思考了一下，说："请宰相提出具体要求吧！"

张说看了看面前的棋盘，吟了四句赋：

　　　　方若棋局，圆若棋子，动若棋生，静若棋死。

赋是一种兼具诗歌与散文特点的文体，它讲究文采、韵节，在汉代曾颇为盛行。张说的四句赋，恰如其分地包含了这四个字。

李泌听完，立即回题一首：

　　　　方若行义，圆若用智，动若骋才，静若得意。

他这四句赋回答得非常奇妙，意思是说，方好比是行仁义，圆好比是用智谋，动好像是发挥才干，静恰如得意满足。这里，他巧妙地提出了为人的准则：行欲方而智欲圆。

张说听了非常满意，这四句赋不仅紧扣方圆动静，而且寓意深刻，于是连忙向玄宗奏道："赋得好，祝贺圣上得到一名奇童！"

玄宗听后，心里非常高兴，认为这小孩果然聪慧机敏，而且很有思想，当场加赏，并告知其父说："你要好好培养他成材。"

自从李泌当着玄宗的面赋棋，他的名声大振，朝中宰相张九龄也非常喜欢和器重李泌，常邀请李泌到家里玩。

张九龄有两位较好的朋友：一位叫严挺之，为人正派耿直；一位叫萧诚，善于逢迎拍马。严挺之看不惯萧诚的虚伪作风，曾劝张九龄少同萧诚来往，而张九龄却以萧诚奉承话好听，而拒绝了严挺之的意见，仍与萧诚来往。

李泌虽是一个孩子，但看问题却很有眼力。他不喜欢萧诚那副谄媚相，有一天，李泌就对张九龄直言相告："老师您是布衣出身，凭着您正直的品德才当上宰相，难道您也喜欢听奉承话吗？"

张九龄一听大吃一惊，这孩子的几句话可真称得上是苦口良药、逆耳忠言。他感谢李泌的批评，一直把李泌当朋友看待。

李泌少年时就被唐玄宗任命为皇太子供奉官，以智谋过人而著称，曾官至宰相。

25. 骆宾王七岁咏鹅

唐诗宋词，一直流传至今。我国唐宋时期曾涌现出许多著名的诗人和文学家。"初唐四杰"之一的骆宾王，以一首脍炙人口的《咏鹅》诗，名扬千古。今天我们在《全唐诗》中谈到的这首活泼而清新的小诗，是骆宾王七岁时所作。

骆宾王从小就喜欢诗词，酷爱文学而且才思敏捷，善于用自己的眼光去观察事物，而且观察得细致入微，然后抓住特征，咏诗作文。

小时候，骆宾王很喜欢玩耍，他家所在的村边有条小河，他常去那里看鱼儿戏水，听白鹅唱歌。有一天，他吃完午饭，来到河边，正在翻弄河边的小鹅卵石，一抬头，只见河旁小路上，摇摇摆摆地走来一群白鹅，伸着弯弯的脖子，昂头朝天，嘎嘎地叫唤不停，一只只都对着骆宾王引吭高歌。骆宾王被鹅群吸引住了，坐在河边目不转睛地注视着它们。

"扑通通"，一只只白鹅跳进了小河，轻松、自在、欢快地游了起来。骆宾王被这种氛围所感染，痴望着那碧绿的河水，上面辉映着洁白的鹅毛，红红的鹅掌，有节奏地激荡起碧亮的水波……他仿佛被这美妙的白鹅嬉水图迷住了。

骆宾王凝神注视，从鹅的欢快嬉水中好像捕捉到了一种灵感，于是信口咏出一首小诗。

鹅，鹅，鹅，

曲项向天歌。

白毛浮绿水，

红掌拨清波。

短短的四句诗，把这奇妙的白鹅嬉水图描绘得淋漓尽致，读起来朗朗上口，笔调清新，色彩鲜明，谁都喜欢读。杜甫曾高度赞扬其作品为"不废江河万古流"。

骆宾王一生坎坷。做过官，后来因罪遭贬郁郁不得志。弃官后，埋头作诗，他因广泛与社会各阶层接触，诗文中常有勃郁不平之感和积极进取之精神。后骆宾王随徐敬业起兵造反，一篇声讨武则天的檄文，气势磅礴，语言辛辣，连武则天都盛赞其才学。武则天平定叛乱后，骆宾王下落不明，一位极有才华的文学家在一场政治动乱中消失了。

26. 李贺七岁名扬京城

唐德宗元贞十四年的一天，正在京城做吏部员外郎的著名文学家韩愈，在家中与朋友皇甫湜谈文论诗，韩愈问皇甫湜："皇甫兄，你可知道有个叫李贺的是谁家的小孩吗？现在大街小巷都在争着抄写他的诗，听说他写的乐府诗跟名诗人写得差不多。"

皇甫湜答道："这事儿我也听说了，我们干嘛不遣人去抄来几首看看呢？"

仆人很快就把诗抄回来了，韩愈、皇甫湜二位一看，果然名不虚传。那些诗寓意清新、用词明丽、笔力雄健。诗的落款还写了"七岁李贺"四个字。

皇甫湜十分惊异："七岁的小孩子能写这样的好诗？恐怕是大人

代他作的吧！"

韩愈便问仆人，有没有打听到小李贺家的住处。仆人回答李贺是李晋肃的儿子，家住城内北门大街。

韩愈一听很高兴，便对皇甫湜说："我们何不去李相公家见识一下这个孩子！"

李贺的父亲李晋肃，是唐朝皇帝的远房子孙，在京城做个小官。他很喜爱文学，也肯把许多宝贵的时间花在教孩子学习上。李贺四岁时就跟他学字念书，五岁跟他学习诗文。李贺从小聪明伶俐，读书过目不忘，学习又认真刻苦，进步特别快，七岁就能写诗了。

韩愈、皇甫湜当时被称为"东京才子""文章巨公"，如今来指名道姓地要见一个毛孩子，李贺的父亲很高兴。但他依旧谦逊地说："小孩子家胡乱写的，还请二位大人多多赐教！"

此时，李贺正让母亲给他洗头，听说有名人来见他，匆匆擦了把头发就跑出来了。韩愈、皇甫湜你看看我，我看看你，不相信这是那个写诗的孩子。眼前的李贺，身高不过三尺，满脸稚气，走路还一蹦一跳的。

韩愈问他："听说你写了好多诗？"

李贺点了点头。

韩愈见他这副天真无邪的样子，不由地笑着说："你能再写一篇给我们看看吗？"

"行！我爹爹也常用这种方法考我，请你们给题吧！"

韩愈开始喜欢上了这孩子，便渴望立即见见他的真本事，就说："你就以我和皇甫大人来看你为题作首诗吧！"

李贺高兴地回答："行"。

只见李贺轻松自如地走到案前，跪在父亲的座垫上，摊纸拿笔，舔了舔黏住的毛笔尖，也不顾满嘴墨渍，就蘸墨挥毫，旁若无人地写起诗来。一盏茶的时间，李贺便把诗写好了。韩愈拿起诗，凑到皇甫湜跟前，只见洁白的纸上，笔酣墨饱地留下了一首气势雄浑的诗，题名《高轩过》。

> 华裙识翠青如葱，金环压辔摇玲珑。
>
> 马蹄隐耳声隆隆，入门下马气如虹。
>
> 二十八宿罗心胸，元精耿耿贯当中。
>
> 殿前作赋声摩空，笔补造化天无功。
>
> 庞眉书客感秋蓬，谁知死草生华风。
>
> 我今垂翅附冥鸿，他日不羞蛇作龙。

在这首诗里，李贺形象地描述了韩愈、皇甫湜骑着高头大马来他家的声势，发自内心地赞美了两位前辈高超的写作技巧，表达了对他们的敬意和立志向他们学习、做有宏伟志愿的人的意愿。

韩愈和皇甫湜眼见李贺即席赋诗，果然名不虚传。不但诗句清丽、美妙传神，而且字也写得漂亮。韩愈对李晋肃说："令郎真是当今奇才，前程不可限量。我有心带他回家去住几天，让他也到外面多去走走，不知行不行？"

李晋肃看两位大名人如此喜欢李贺，愈加高兴，便答应了，并嘱咐李贺到了那里要虚心求教，不能贪玩，回来之后要考他新知识。

李贺到韩愈、皇甫湜家各小住几日，果真学了不少新东西。两位前辈对他十分疼爱，教了他许多诗词曲赋后，才恋恋不舍地把他送回家。

李贺祖籍河南福昌（今河南宜阳县），但因父亲到京城后，又去边疆做小官，因此李贺便在京城长大。后不幸父亲早早去世，家中越来越贫苦。长大后，按李贺的学识，完全可以去考"进士"，不料主考官嫌他父亲的名字叫晋肃，犯了"晋"与"进"同音的忌讳，不许他参加考试。他只得怀着满腔怨愤，退出考场。从此，考试的门路被堵绝了。

　　他的凄苦处境和出众的才能，使他抑郁戚伤，不能自释，但他的诗却是越写越精。为了搜集创作素材，他经常背着锦囊，骑着一头小毛驴，出门游历，观察生活。看到好的景物，遇到好的句子，就马上记在纸条上，放在锦囊中。晚上回到家，点上油灯取出纸条，选择整理，精心构思进行创作。母亲看他如醉如痴的样子，十分心疼，喃喃地说："这孩子真要把心呕出来才算完啊！"

　　李贺生在韩愈、柳宗元、元稹等竞起争鸣的时代，他又有幸受到韩愈的赏识，在创作上也和韩愈有着某些共同的倾向。另外，他也屡效齐梁体，所写的一些爱情诗大都色调绮丽、绚烂而又凄婉。这些特点形成了他的奇峭不羁、瑰丽凄侧的独特艺术风格。

　　李贺的作品，受到晚唐诗人李商隐、杜牧的极大推崇。李商隐曾写过李贺小传，杜牧也有李长吉（李贺的字号）诗序，都一致赞叹这位诗人的绝代才华，悼惜他的短命。

　　李贺报国无门，没有施展才华的机会，心情抑郁，二十七岁就病亡了。

27. 柳宗元十三岁写奏表

　　我国唐代杰出的散文家和诗人柳宗元，在任柳州刺史的四年里，大胆革除弊政，解放奴婢，掘井开荒，为民造福。

　　柳宗元是"唐宋八大家"之一，他写的散文峭拔矫健，说理透彻。

　　柳宗元是唐代河东蒲州（今山西永济县）人，他的文学才华与进步思想主张，早在少年时代就显露出来了。

　　柳宗元从小胸怀大志，关心国家大事。唐德宗贞元元年八月，野

127

心勃勃发动叛乱的军阀李怀光被政府讨平了。平素痛恨制造战乱的官员，听到此消息后十分高兴。当时有位姓崔的御史中丞听说柳宗元是个才子，便请柳宗元写一篇向皇帝祝贺的奏表。年仅十三岁的柳宗元欣然受命，提笔疾书，一气呵成，写出《为崔中丞贺平李怀光表》。

在这篇奏表中，少年柳宗元义愤填膺地抨击李怀光是个"残暴"的"逆贼"，深刻地剖析了李怀光发动叛乱的"凶险之行"，表达了自己反对分裂渴求统一的愿望。文章论点鲜明，有破有立，鞭辟入理，一时在广大的文人学士中流传开来，况且奏表出自一个年仅十三岁的少年之手，于是奇童柳宗元之名一下子轰动了京城。

这篇文章一直保留到今天，虽已残缺不全，但从中仍可看出作者流畅的文笔。这与他从小在良好家庭教育下的刻苦学习是分不开的。

柳宗元出生在一个封建官僚家庭。父亲柳镇官职不高，但学识渊博，他教育柳宗元要从小做一个"廉洁守志，疾恶不惧"的有所作为的人。母亲卢氏是一位知书答礼的妇女，当柳宗元才四五岁时，母亲就教他读书识字，诵读古诗、古赋。柳宗元天资聪慧，接受能力强，一读就能记住，背诵如流。小宗元每天抄写诗文，勤奋出天才，七岁时就能赋诗作文了。

十二岁那年，柳宗元与父亲同赴湖广，游览了夏口、长沙等许多地方，广泛地接触社会，目睹了各地节度使割据一方，挑动内战，百姓被弄得无法谋生的情景。少年柳宗元发奋立志振兴国家、兴利除弊。他在《答贡士元公瑾论仕进书》中，表达了自己的雄心壮志。其中"始仆之志于学也，甚自尊大，颇慕古之大有为者"，意思是说，我从小就立志努力学习，要像古代一些杰出人物那样有所作为，建功立业。有了奋斗目标，他在父亲指导下，更加刻苦地广泛涉猎秦汉时期的作品，批判地吸收前人作品中的丰富营养，取人所长，补己之短，开阔了眼界，丰富了思想。三四年过去，他已成为一位才华出众，精深过

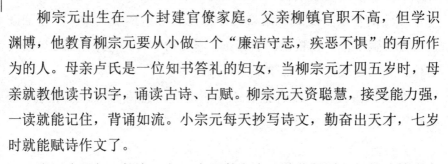

人的饱学之士。

柳宗元曾中过进士，后来又中博学宏词科，官至监察御史。在做官的道路上，因参加改革，先后被贬永州、柳州。从政之余致力于文学创作，写下了许多流传千古的散文和诗歌。

28．徐惠八岁赋诗文

徐惠，出生于公元627年，湖州（今浙江省湖州市）人。初以才华被唐太宗李世民选为才人，不久封为婕妤，是唐朝后妃中一位深孚众望的妃子。

据《旧唐书》和《新唐书》记载，徐惠出生后，"五月而能言，四岁诵《论语》《毛诗》（即诗经），八岁好属文。"，小时候，便以能诗善文而被誉为神童。

到她十六岁的时候，就已经是以博学多才而远近闻名的才女了。其实，徐惠的博学多才，除了因为她的天资，更主要的还是她后天勤奋学习的结果。

徐惠的父亲叫徐孝德，当时就是一位著名学者，她的母亲也是豪门家女，熟读经书，尤喜读《诗经》。徐惠出生后聪明伶俐，深得父母喜爱，所以从她会说话的时候开始，父母就争着教她读书识字了。徐惠见父母都喜欢读书，便对读书产生了浓厚的兴趣。在学会父母教给她的内容后，自己也去读《诗经》和《论语》，有时父母都休息了，她自己仍坚持读下去。

徐惠不仅记忆力强，而且思维敏捷。她在父母的指导下，学业上进步得非常快，到她八岁的时候，就能写诗作文了。

一天，父亲有意测测她的才智，就把她叫到书房，拿出屈原写

129

的《离骚》和《小山》两首辞来，交给她说："你先读读这两首辞，看看能否看得懂。如能看懂，读完后就模仿这两首辞的格式，写上一首，让我看看。"

徐惠在平时读史书的过程中，对屈原的生平就有所了解，并且十分敬佩他那洁身自好的品德和崇高的爱国主义精神。但是她对屈原的著作，却还从来没有读过。这一日，当她从父亲手中接过屈原的两首辞后，心情很激动，迫不及待地一口气连读三遍，略加思考，便按着父亲提出的要求，挥笔而就，写出了取名为《拟小山篇》的骚体诗作。其诗曰：

> 仰幽岩而流盼，抚桂枝以凝想；
>
> 将千龄兮此遇，荃为何兮独往。

这首诗的意思是说：我仰望着高大幽静的山岩在出神，抚摸着折下的桂枝在沉思；这是一位千载难遇的伟大诗人，他的品德像芳草一样芬芳，可又为何独自投江而死呢？

徐孝德接过女儿的诗作一看，不由得惊呆了，这首诗虽然短，然就其用词优雅，文采动人而言，远远超过了他对女儿的预料。而更使他没有想到的，是其诗对屈原所表达的敬重之情，竟会是出自一个年仅八岁的幼女的心灵深处！

不久，这首小诗广泛流传于社会，深受世人赞赏。徐惠在一片赞扬声中，并没有沾沾自喜，而是更加如饥似渴地投入学习之中。她终日手不释卷，锲而不舍，习诗作文越发勤奋。到她十六岁的时候，就已是闻名遐迩的才女了。就是在这一年，徐惠的名字传到了唐太宗李世民的耳中，太宗把她召进宫去，当场测试，见其不仅才似山间泉涌，且貌如天仙，龙心大悦，即刻下诏纳其为才人。

徐惠入宫后，深爱太宗宠爱。她并没有恃宠生娇，而是利用这一条件，引古鉴今，上谏直言，从忧国忧民的角度，提出许多建议。

这些意见都被太宗欣然采纳了。

公元 *649* 年，太宗病死。徐惠以失去知音而哀痛成疾，第二年便去世了，时年二十四岁，赐号贤妃。

29. 七龄女吟诗感女皇

武则天做皇帝年间，在四川成都郊区的一个村子里，有一对兄妹。父母相继去世，哥哥当时十六岁，妹妹才七岁，兄妹相依为命，靠父母留下的家产，共度时光。

父母去世前，他们兄妹二人在一起读书。妹妹年龄虽小，但聪明伶俐，学习刻苦，读经学史，过目不忘，尤其对诗更有兴趣。到父母去世时，她写诗已经有了点名气，被乡里称为"女博士"。她的哥哥年龄虽然大些，但也很聪明，因为贪玩，学习又不用功，成绩总也赶不上妹妹。特别是父母去世后，哥哥感到失去依靠，心灰意冷，整天愁眉苦脸，学习就更没劲头了。对此，妹妹心中十分焦急，曾哭着对哥哥说："你整日这样下去，何时是头，有何出头之日？人死不能复生，只有牢记父亲临终前的教诲，发愤读书，尽快成才，长大后干成一番事业，光耀门庭，才能让父母九泉之下放心啊！"

但是，哥哥仍然没有起色，妹妹也无可奈何了，只有自己加倍努力，以告慰父母在天之灵。

突然有一天，皇帝诏书颁到四川，让哥哥护送号称"女博士"的妹妹进京。哥哥听了，不知吉凶，心中惶恐不安，妹妹却坦然地对哥哥说："咱们一不偷，二不抢，犯法的事不做，去就是了，有什么可怕的？"

圣命难违，哥哥只好陪妹妹来到京城。

131

兄妹进宫后，宫女带着他们去见皇帝，恰巧遇上武则天在院内散步，宦官、宫女前呼后拥，甚是威风。

妹妹一见，心中明白，不等宫女禀报，便急忙走上前去，跪地拜道："民女奉诏前来求见，愿吾皇万岁！万岁！万万岁！"

武则天低头一看，只见那女孩眼如秋水，面似桃花，文静礼貌，说话动听，高兴地命宫女将她扶起问道："真是个好孩子。说说看，你第一次进宫，我们又没见过面，你怎么就断定我是皇帝呢？"

那女孩道："您不仅端庄美丽，而且气宇轩昂，英气逼人，皇冠上有紫色的王气缭绕，这是除了皇上，其他任何人都不可能有的啊！"

武则天一听，更加感到她出语不凡。接着，武则天又考查了她诗书礼易方面的学问，那女孩则有问必答，无所不通，还不时引用精辟的名言及历史典故，以阐述个人的见解，众人听了都为她喝彩叫好。

几天之后，那女孩子提出要和哥哥一块回乡。武则天感到她的确才华出众，决定将她留在宫中，让她的哥哥一人回乡。于是，武则天在那女孩陪她散步的时候，便把自己的决定提了出来，并让那女孩以送兄回家为题吟一首诗。

那女孩听了，不由得潸然泪下，抬头望一望空中，恰有一群大雁，列队整齐，啾啾地叫着向南飞去，于是脱口吟道：

别路云初起，离亭叶正飞；

所嗟人异雁，不做一行归。

女孩在这首诗中，前两句借别路、白云、离亭和正在凋落的树叶等带伤感色彩的景物，来表达她不愿离开哥哥的那份依依惜别之情；后两句则抓住空中的大雁借题发挥，说大雁都有同走同归的自由，而我却不能和哥哥同来同归，真是人还不如雁啊！

武则天听了，也感到他们兄妹情深，不忍拆散，便赏赐了那女孩许多金银珠宝，令她和哥哥一同回故乡去了。

30. 欧阳修用荻练字

欧阳修，字永叔，号醉翁，晚年又号"六一居士"，出生于公元1007年，吉安永丰（今江西永丰县）人。他才华出众，是我国北宋时期的杰出史学家，也是著名的文学家，更以散文著称，被列为"唐宋八大家"之一，官至枢密副使、参知政事（副宰相）。他在中国古代文学史上占有重要地位，文学成就异常突出。

欧阳修出身于书香门第，又是官宦世家。他的父亲叫欧阳观，好读经书，能诗善文，为泰州（今吉林省洮南市东）州府。他的母亲郑氏，出身于江南大族，很有文才，也是一个知书达理的女子。欧阳修刚刚四岁的时候，他的父亲就死于任上，没有给他们留下什么家产。孤儿寡母实在无法生活下去，郑氏只好带着欧阳修及其妹妹，千里迢迢来到随州，投靠欧阳修的叔叔欧阳晔。安顿下来后，郑氏自谋出路，靠给人缝衣服维持一家三口人的生活。母亲很想让欧阳修读书，可是家中买不起纸和笔。母亲是个有文化的人，深知读书对儿子前程的重要，所以，便千方百计地想办法让儿子读书。

欧阳修家的住处，有一个大池塘，母亲郑氏常去池塘洗衣服。这一天，郑氏又去池塘刷洗衣物，忽然发现一种叫荻的草，顶端像苇穗，可做笔毛用，可在地上画字，于是便折下一些，拿回家中，代替毛笔，教欧阳修写字。这就是典故"画荻教字"的由来。

欧阳修天资超人，刻苦强记，不到两年的时间，由母亲用"画荻教字"的办法，学完了《诗经》《论语》《汉书》和《左传》等十余部经典著作，初步学会了写诗和作文章。

有一天，郑氏教欧阳修《汉书》，当读到其中的《范滂传》时，欧阳修提出了一个问题。他说："我若是范滂那样的人，母亲准许还是不准许？"

郑氏则笑着回答："你若能成为范滂那样的人，我难道就不能成为范滂的母亲吗？"

范滂，东汉著名学者，年轻时以节俭有名，为官后以清廉著称。这说明欧阳修在六七岁时，读书就有独到见解，而且崇拜历史上的廉洁官员。

此后，欧阳修孜孜不倦地学习，又用了两年的时间，读完了家中的所有藏书。在这过程中，他最爱读唐朝大文学家韩愈的书。他感到当时宋朝有些人写文章，只追求华丽辞藻，句子和句子之间讲究对应，而内容却空洞无物，有无病呻吟之感；而韩愈的文章，内容充实，说理透彻，雄奇豪放，变化曲折，文字流畅，主题明快，这才是真正的好文章。

所以，他读后常常感慨不已，激动地对人说："学者当至此而止耳！"意思是说：作为一个学者，如果写文章能达到韩愈这个水平，就可以了。

也就是从这个时候开始，他就立志要做像韩愈那样的文学大家。

欧阳修在母亲的精心培养和教育下，在立志要做韩愈那样的文学大家的目标激励下，刻苦学习的自觉性越来越强，对自己的要求越来越严，求知的欲望越来越高。他感到，一天不吃饭、不睡觉可以熬得过去，如果一天不读书，他便像生了病似的心烦意乱，坐立不安。

他读完家中父亲留下的藏书后，便开始了借书抄书的学习过程。

欧阳修十岁那年，听说他的小友中一个叫李尧辅的，家中藏书甚多，就常去李家找小友玩。他名义上是玩，实际上一到了李家，他便央求李尧辅给他打开书房，躲在里边读书，而且一读就是半天。他的小友却往往看一会儿就看不下去了，要他出去一块儿玩。欧阳修怎舍得这难得的读书机会？于是，他便将自己读书时看到的一段一段的有趣故事，让他的小友去读，待按住小友出去玩耍的念头，他再静下心来，按自己学习的需要，去认真攻读。如此时间一久，他的那位小友也养成了好读书的习惯，学业上也有了进步。那小友的父亲知道后，对欧阳修刻苦学习的精神很是佩服，也为自己的儿子能在欧阳修的影响下养成了刻苦学习的良好习惯而高兴。

有一天，欧阳修在李家的一个旧竹筐里看到一本书，是《韩昌黎文集》，翻开一看，喜出望外，便如饥似渴地读了起来，并且一边读，一边连声叫好不迭。主人见他如此喜欢这本书，又觉得欧阳修对儿子的帮助实在不小，自己无以为报，便对他说："既然欧阳公子喜欢这本书，我就送给你好了，不仅如此，我家所有藏书，只要欧阳公子需读，尽管拿去就是了。"

即使如此，欧阳修的求知欲仍未得到满足。此后，他若听到谁的家中藏有奇书，总要千方百计地前去借阅。因为欧阳修刻苦好学的名声已经很大，所以有藏书的人都愿意把书借给他。他凡遇到难以读到的稀有经典，便一字一句地把整本书抄下来。据资料统计，欧阳修从老家吉州庐陵随母亲搬到随州的六七年中，仅抄书就七十余部，上千万字，这对于一个十一二岁的孩子来说，简直是连想也不敢想的事。于是，欧阳修被时人称为神童。

欧阳修长大后，参加会考，取得了礼部试第一名，受任西京推官。从此，他开始与尹洙往来，一起写作古文，议论时事，两人互为师友；他又与梅尧臣来往，互相之间用诗歌唱和。他以文章名冠天下后，被召入朝，任馆阁校勘。从此，他的官职不断升迁，公元 1060 年任枢密副使，次年又任参知政事。但是，由于他为官清正，不徇私情，曾多次遭到小人的诽谤，不久，被罢为观文殿学士，去了蔡州。公元1071年，以太子少师退职还乡，次年去世。

欧阳修刚刚十二岁那年有一天晚上，他外出求师，身背行囊，急急忙忙来到襄阳城下，但是，城门已经关上了。欧阳修无奈，只好上前叫门："请开门，请开门！"

"你是什么人，竟敢如此大呼小叫？"

欧阳修抬头一看，见是一个守门老军，于是拱手一礼道："老伯伯，我是个读书人，从随州来此拜师求学的，紧赶慢赶，没想到还是来晚了，就请你开门让我进去吧！"

守门军从声音中听出这是个十多岁的孩子，而且口齿伶俐，谦恭有礼，便生了爱惜之心，又问道："你叫什么名字？"

"我叫欧阳修，今年十二岁。"

老兵也曾听说过郑氏"画荻教字"的故事，没想到今日这三更半夜叫城门的孩子竟是欧阳修，便来了兴致，接着说道："原来你就是那个母亲'画荻教字'的欧阳修啊！听说你能诗会文，咱们就对个对联吧。如果你对上了，我就让你进门；如果对不上，就说明你学业未成，就请回去继续读书，等真有了学问，再出来拜师。到那时，不论你来得多晚，我都会主动开门的。"

欧阳修道："既然如此，就请老伯先出个上联吧！"

守门军低头思考了一下，开口吟道：

"开关早，关关迟，放过客过关。"

欧阳修听后，只是微微一笑说："出对易，对对难，请先生先对！"

那守门军一听，很是扫兴，不由得生气地说："我出对子是让你来对，你怎么让我对呢？看来你的学问还没有学成，那就请回吧，等你学成了再来！"

那守门军说着，回头就走。

欧阳修急忙答道："老伯伯且慢，其实我刚才已经对上了，您如不信，再琢磨琢磨看！"

那守门军一听，又把欧阳修刚刚说的话想了想，果然是一副对联：

"出对易，对对难，请先生先对。"

守门军不禁想到：这个下联，欧阳修脱口而出，竟是一个新颖别致的下联。他越想越新鲜，越念越感到其趣无穷，不由得叹服道："对得好！对得好！真是个奇才啊！"

说完，他立即走下城门楼，十分高兴地为欧阳修打开了城门。

31. 苏东坡羞改立志诗

宋仁宗景祐三年（公元 1036 年）阴历十二月十九日卯时，在以山水秀丽著称于世的峨眉山不远的眉山县城，一代文豪苏东坡呱呱坠地了。

苏东坡，名轼，字子瞻，东坡是他的号。父亲苏洵二十七岁开始发愤读书，文章名震天下。母亲程氏是大理寺丞程文应的女儿，文化修养极高，常常充当苏轼的家庭教师，给他授书讲课。苏轼从小受到了良好的家庭教育，熟读经史，纵论古今，文如泉涌，是当时一个有名的小神童。

苏轼六岁时开始在私塾里读书，学童一百多人中，苏轼那个绝顶聪明的小头脑，很快就显出与众不同。有一天，一个从京城来的客人拿了一首长诗给老师看，诗里描写了当时朝廷一群著名的学者如范仲淹、欧阳修等人的事情，歌颂他们革新朝政，为官清廉正直的政绩和品德。幼小的苏轼踮着脚尖在老师肩膀后面往前窥看，好奇地询问老师，范仲淹、欧阳修是些什么人？老师白了他一眼，说："小孩子别问大人的事。"苏轼一听，不高兴了，撅起小嘴，嘟嘟囔囔地说："这些是什么样的人呢？如果是天上的人，那我就用不着知道。如果他们也是地上的人，我也是地上的人，为什么就不可以问呢？"老师见苏轼小小年纪，说出话来非同一般，很欣赏，就告诉他说："范仲淹、欧阳修等都是当今大文豪、大政治家，是人中伟杰，我们凡夫俗子都钦佩他们、热爱他们。"小苏轼第一次从老师这里知道欧阳修、范仲淹等人的大名，很受鼓舞。虽然他还不能完全懂得大人那些复杂的事，但依稀意识到范仲淹、欧阳修他们都是人们心目中的英雄，于是暗地里下决心，将来长大了，一定要成为他们那样的人。

十来岁时，父亲苏洵叫苏轼作一篇文章，题目叫《夏候太初论》。苏轼胸有成竹，提笔就写，文中写道："人能碎千金之璧，不能无失声于破釜，能搏猛虎，不能无变色于蜂虿。"意思是说，人有时候虽然很慷慨、很勇敢，能摔碎价值千金的璧玉而不觉可惜，敢与豺狼猛虎搏斗而无所畏惧；但是，人有时候也很吝啬、很脆弱，甚至是弄破一个锅或被蜜蜂刺了一下，也要心疼、胆怯、失于声色。这样有哲理性、辩证性的警句，一个小孩能写出来，非常难能可贵。苏洵看过之后，大加赞赏，苏轼自己也很满意。

又有一次，苏轼的老师刘微之写了一首《鹭鸶诗》。刘微之是眉山城寿昌院州学教授，很有学问，他把这首诗拿给苏轼看，并说他自认为"渔人忽惊起，雪片逐风斜"这两句写得最好。苏轼看了，说："老师的诗的确写得很好，不过，我觉得'逐风斜'似乎没能写出鹭鸶归宿之态，如果改成'雪片落蒹葭'，岂不更好？"

刘微之一听，连声称赞，"改得好，改得好！我不是你的老师，你才是我的老师呀！"

就这样，苏轼听到的赞扬声越来越多，慢慢地就有些飘飘然起来。他觉得自己已经是学富五年，诗书礼易、诸子百家、秦汉散文、唐宋诗词，他都无不一知，无一不晓，于是拿出笔墨纸砚，在自家门框上写了一副对联，上书：

　　识遍天下字

　　读尽人间书

写完，他左右看看，觉得自己好像真是世上最有学问的大家了，得意洋洋地把小伙伴们都叫来参观。伙伴们知道苏轼的确很聪明，虽然有些不服气，但也不敢说什么。

这样过了一个多月，一天下午，苏轼正和小伙伴们在院外玩耍，从远处走过来一位白发苍苍的老翁，他看见门楣上的两行诗，就停住脚步不走了。苏轼和伙伴们都好奇地围了过去。只见老翁转过身来向大家问道："你们谁是'识遍天下字，读尽人间书'的人啊？"

苏轼骄傲地从大伙当中走出来，挺着小胸脯，大声说道："我！"他以为老爷爷也会像别人那样夸奖他呢。可是老爷爷什么表扬话都没说，却从身边的布袋里拿出一本书，问道："小相公，你能帮我看看，这书是讲什么来着？我想小相公肯定都读过。"

苏轼满不在乎地接过那本厚厚的书，一瞧，傻眼了。这本书他不但没有读过，而且书上的好些字他也不认识。想到自己夸耀"识遍天下字，读尽人间书"，苏轼顿时羞愧得满脸通红。他不好意思地对老翁说："老爷爷，对不起，我不知山外有山，天外有天，自吹自擂，实在惭愧得很。这书我没读过，今后我一定好好读书。"

老爷爷很高兴，捋着胡子乐呵呵地说："好，好，知错就改，便是好孩子。人贵有自知之明，你现在已经意识到了这点，将来发愤图强，一定会大有前途。"

老爷爷走后，苏轼拿起笔，在原来的对联上添了四个字，把对联改为：

> 发愤识遍天下字；
>
> 立志读尽人间书。

从此后，苏东坡发愤励志，博览群书。一次，母亲教东坡读《后汉书·范滂传》，书中记叙后汉时期朝纲松弛，政权落入一群阴险狡诈的宦官手里，一些忠贞廉正的书生儒士，为了反抗这群小人统治，不惜冒着生命危险，上书揭露奸党。其中有个勇敢无畏的青年，名叫范滂，他反对宦官专权，宦官就以"诽谤朝廷的罪名"把他抓了起来，处以死刑。临刑前，范滂与母亲诀别，恳请母亲不要过分悲伤。范滂的母亲很坚强，安慰儿子道："现在你将与李白、杜甫一样，名垂千古了，死，又有什么可遗憾的呢？既然能流芳百世，再求取长命百岁，那是不可兼得的啊。"苏轼读了范滂传，决心以范滂为榜样，激励自己奋发向上。

苏轼二十一岁时，进京参加考试。当时进士考试要经过举人考试、礼部考试、礼部复试、皇帝御试等几步筛选，苏轼轻而易举地"过五关，斩六将"，次次考试都以优等得中。当时的主考官欧阳修、梅圣俞都是文学权威，非常欣赏苏轼的文章。欧阳修惊喜交加，认为苏轼定是一位奇才，他说："读苏东坡的来信，不知不觉竟兴奋得流汗，真是痛快极了！老夫我应该为他让出一条路，使他出人头地。"又说："记住我的话，三十年后，无人再谈论我。"

欧阳修的话果然应验。苏东坡以其知识的深厚、广博和超常的智力，为中国文学写下了光辉的诗篇。无论是诗词文章，书法绘画，他都能另辟蹊径，独步于天下，这是其他诗人难以望其项背而只能自叹不如的。尤其是他创立了豪放词派，开一代新风，对后世产生了深远的影响。人们至今对他写的《江城子·密州出猎》《水调歌头·丙辰中秋》《念奴娇·赤壁怀古》等词爱不释手。作为"唐宋八大家"之一，他的散文平易自然，为古文革新运动之中坚。在苏轼家乡眉山三苏祠的门柱上，有一副对联，写道：

一门父子三词客

千古文章四大家

这副对联高度评价了苏轼父子在我国文学史上的杰出成就。

32. 王安石落笔如飞

王安石，字介甫，号半山，出生于公元 1021 年，抚州临川（今江西抚州市）人。庆历年间为进士，后历任知县、通判、知州、参知政事，至宰相。他为政期间，最大的政绩就在于推行变法。后来虽然变法失败，但在当时政治、经济、军事、文化等领域，都产生了重大影响。他是我国古代一个伟大的改革家。同时，他也是我国北宋时期一位杰出的文学家，其主要著作有《王文公文集》《临川先生文集》传于后世。

王安石出身于仕宦家庭。他的父亲叫王益，任都官员外郎，为官正直，饱学多识。这对王安石的成长发展，在思想上和性格上都有着重要的影响。

王安石小的时候，在父亲的严格要求和教育下，酷爱读书，刻苦勤奋。而且他的天资超过了一般儿童，诗书一经他过目，便终生不忘。因此，家中上下都很喜欢他，父亲王益更是视他为心肝宝贝，把全部希望寄托在他身上。

王安石虽然天资聪颖，过目不忘，但他依然勤奋读书、废寝忘食、手不释卷，课间休息时，他也是伏案通读，目不斜视。

有一天，下课了，同学们都跑出去玩了，只有他照旧坐在那儿读书。老师看见后，走过去问他："介甫，你为何不出去玩耍呢？"

他温文有礼地抬头答道："唐代大诗人杜甫说，只有读书破万卷，才能下笔如有神。我如果不抓紧时间读书，什么时候才能破万卷呢？"

老师听了，颇受感动，拍着他的肩膀说："好有志气的孩子，你一定会下笔如有神的。"

据传，当他十二三岁的时候，已经读书破万卷，写文章的时候，初看好像漫不经心，也不思考，提笔就写，一挥而就。而读过他的文章的人，无不称赞其"文笔生动，精彩绝妙"。

大文学家曾巩看了他的文章后，称他为"神童"，并拿了去给文学大师欧阳修看。欧阳修看后，也感惊奇，立即将他召来，当场命题，让他当场而作。王安石一看题目，便提笔铺纸，"唰，唰，唰"一阵，几千字的文章已写在纸上。欧阳修接过一看，一句话未说，便立即提起笔来，在王安石文章的左上角空白处，写了四个大字："落笔如飞"。从此，王安石的名字大震京师。

此后，王安石随父到过江宁、扬州、韶州、开封等地。公元1037年，王安石随父到达江宁。两年后，父亲去世了，王安石和母亲便定居江宁。

父亲去世后，他的家境逐渐贫困下来，生活十分清苦。但是，再苦的生活，也没有影响他立志成才的决心。就是在这期间，他在一首诗中写道："男儿少壮不努力，挟此穷老将安归？"因此，他尽量避免社会上的一些应酬，依然专心致志地读书。

他在重读儒家经典的同时，也读了诸子百家，还涉猎《素问》《本草纲目》等医学著作，又读小说，可谓无所不读。尤其可贵的是，他读书不停留在书本上，还向富有经验的农夫、仆人请教，以学到书本上无法学到的知识。他在求知中勤于思考，孜孜不倦地唯理以求，不拘于旧说，不固袭于先儒，常常用批判的眼光分析判断各种问题，逐渐形成了自己的特点和风格，为后来的策划改革奠定了基础。

公元 *1042* 年，他去京城考进士时，一举得中，并名列上等，被任命为淮南判官。文彦博为相后，见他才华出众、淡泊名利，便向朝廷推荐，请求对他越级提拔。不久，朝廷下旨，让王安石参加馆阁职位考试，他谢绝应试；欧阳修推荐他为谏官，他又以祖母年老为由辞谢不任。后来，欧阳修向朝廷报告了王安石须用俸禄养家的事，皇帝为此任用他为群牧判官，而他却又请求下去担任常州知州。

后来，皇帝命王安石同修《起居注》，他仍多方推辞，直到阁门使拿着敕书，下跪请求他接受，以便回宫复旨，他才勉强接受下来。

33．李清照十岁填词

李清照，号易安居士，生于公元 *1084* 年，山东济南人，是我国文学史上著名的女词人。她的父亲李格非才华出众，自幼喜读诗书，酷爱文学，是当时大诗人苏轼的得意门生。当时，朝廷以诗赋取士，而李格非却独用意经学，著《礼记说》，至数十万言，遂登进士第。

李清照生活在这样一个家庭，耳濡目染，对文学产生了浓厚的兴趣。她自幼天资聪颖、秀外慧中。每逢父亲读诗诵文，她便趴在父亲的膝盖上一动不动，侧耳静听。因她是女孩，父亲并没刻意教她，但她两三岁时，便记住了不少父亲背过的诗赋。

有一次，父亲又背诗，中间忘了一句，正要去翻书，不料小清照却顺口给他接了上来。李格非这才发现他这个小女儿天资非凡，心中高兴，便开始教她读书写字。小清照早就想读书识字了，因父亲没开口，她也不敢提；今见父亲主动教她，便觉如愿以偿，故学起来常常像父亲那样手不释卷，很是刻苦。她每日黎明即起，背诗诵词，上午学习经书，下午和晚上练习写诗填词，天天坚持，从不间断。到她六七岁时，便熟读了《诗经》和《楚辞》、唐诗等不少著作。到十岁的时候，她不但已经掌握了诗词韵律，而且自己也会作诗填词了。特别在学词方面，她更有着特殊的兴趣，因此，每当填起词来，她都十分认真，反复修改，直至自己感到满意，才拿给父亲评点。

有一天，李格非的几个好友来家做客，一边饮酒，一边赋诗，兴致高涨，场面活跃。小清照在隔壁房间，听他们唱和得意，也引得兴起，于是提起笔来，望着窗外淅淅沥沥的细雨，随风飘落的梨花，信笔填了一首词，取名叫《浣溪沙·小院闲窗春色深》，然后拨动瑶琴，一边弹一边唱了起来：

小院闲窗春色深，垂帘未卷影沉沉，倚楼无语理瑶琴；

远岫出云催薄暮，细风吹雨弄清阳，梨花欲谢恐难禁。

琴声歌声一起，宴席上顿时鸦雀无声。待琴声一停，众人无不拍手叫好。其中有位叫晁补之的学者，学识渊博，擅长诗词，和李格非同为苏轼的得意门生。当他听完小清照的词后，笑着对李格非说："如果我没有猜错的话，这首词定是令爱所作！"

李格非也笑着答道："你猜得不错，正是小女所作。不过，她年龄幼小，少通音律，只是顺口胡诌几句罢了，还请晁兄多多指教！"

晁补之摇头道："不，不，如果信口一诌，就诌出这么好的词来，那么要认真一作，岂不更好！"

李格非见客人如此称赞他的女儿，非常高兴，便将女儿叫出，和客人一一见面，并拿出小清照平时写的一些诗词，请大家传阅评点。

众人一边翻阅，一边不停地称赞，特别是看了其中一首题目叫《如梦令·昨夜雨疏风骤》的词后，更是赞叹不已。这首词内容如下。

昨夜雨疏风骤，浓睡不消残酒。试问卷帘人，却道海棠依旧。

知否，知否，应是绿肥红瘦。

晁补之更是无限感慨地道:"想不到李兄竟有一个有如此才华的女儿,不久的将来,她必将成为当今词坛上首屈一指的人。"

据伊世珍的《琅嬛记》卷中引《外传》记载,李清照和赵明诚的结合,还有一段带有神秘色彩的传说。赵明诚小的时候,做了一个梦,梦中读了一本书,醒后只记得其中三句:"言与司合,安上已脱,芝芙草拔。"赵明诚觉得奇怪,便告诉了他的父亲赵挺之。赵挺之则为儿子解梦说:"言与司合,是个词字,安上已脱,是个女字,芝芙草拔,乃之夫二字。这不就是说,你将来要成为一个会作词的女子的丈夫吗?"

赵明诚长大后,其父赵挺之为吏部侍郎。李清照的父亲李格非为吏部员外郎,门当户对。赵明诚通晓经史,亦喜诗词,尤其喜欢收藏文物,可以说两人情趣、爱好一致。故当赵挺之得知李清照以词著称时,认为与赵明诚梦中相符,遂为儿子求婚。李格非也喜欢赵明诚的学识,便同意了婚事,于是二人结为夫妻。

两人婚后,志同道合,情深意笃。赵明诚除了公务,一有时间,就和妻子一块作诗填词。有一次,他在任上,妻子寄给他一首叫《醉花阴·薄雾浓云愁永昼》的词,这是一首表示对丈夫思念的词,写得精妙无比。

薄雾浓云愁永昼,瑞脑消金兽。佳节又重阳,玉枕纱橱,夜半凉初透。

东篱把酒黄昏后,有暗香盈袖,莫道不销魂,帘卷西风,人比黄花瘦。

赵明诚看后,决心写一首比这首更好的词,便闭门谢客,废寝忘食地写了三天三夜,得五十阕。为了检验一下自己和妻子的高低,便把李清照的词混杂在内,请诗词行家、好友陆德夫去评判。陆德夫吟诵再三,反复推敲,最后指出,这些词中,只有三句乃是绝妙,即,"莫道不销魂,帘卷西风,人比黄花瘦。"

赵明诚一听,惊得一屁股坐在了椅子上,不由得对妻子佩服得五体投地。他把这些情况告诉了李清照,李清照对丈夫的支持和鼓励深为感动。赵明诚喜欢收藏金石书画,李清照便千方百计地到处购买、搜集,于是越积越多,她又和丈夫一起精心研究,帮助丈夫完成了一部有关历史文物方面的巨著,这就是《金石录》,计五十卷。后人对这部书评论说:"考订精核,议论卓越,发人深思,实为可贵。"

李清照晚年,金兵南下,高宗离开建康,渡江南逃,李清照悲愤作一首《乌江》诗,亦名《夏日绝句》。其诗云:

　　生当作人杰,死亦为鬼雄;

　　至今思项羽,不肯过江东。

这首绝句,借歌颂项羽,表达了诗人的崇高气节,也是对南宋统治者苟且偷安的有力讽刺。

公元 1155 年,李清照病逝,终年七十一岁。

34．许应龙"小儿乞食牛"

许应龙,字恭甫,福州闽县(今福建福州市东北)人。初登进士,授汀州教授;宋宁宗嘉定初年迁太学博士,又迁秘书郎兼权尚右郎官,又升兵部尚书、签书枢密院事。

许应龙小时以五岁通经书震惊客人,称他为"小儿乞食牛"。意思是说,他年龄虽小,却有一口能将牛吞入腹内的宏伟气概。

这是怎么回事呢?

原来,许应龙出生在一个书香门第,在他的前边有三个姐姐,没有男孩,因此父亲心焦,母亲不安。谁料父母到了半百之年又生了个男丁,当然给家中带来了无限欢乐。因此,从许应龙刚会说话的时候开始，父亲就教他读书识字。他的父亲是个读书人，终日手不释卷。小应龙聪慧过人，模仿力强，三岁的时候就开始读诗经，也是终日手不释卷，吟诵不停，朗朗有声。加之他有过目不忘的才能，到四岁时，就能日读数千言，背出数百首诗来。父亲见儿子如此聪明过人，很是高兴，于是在他刚刚五岁的时候，就教他读些经典著作了。此时，许应龙已能出口成诗，落笔成文。世人知道后，无不为之震惊，都称他为"神童"。

有一天，父亲举行家庭宴会，左邻右舍、亲朋好友，都应邀前往，一些文人墨客也被邀来参加。许多和许应龙的父亲只有一面之交的人，听说他家有个神童，诗文十分了得，便借着参加宴会的名义，也来许氏家中，为的是一览神童丰采。

时近中午，开席之前，父亲带许应龙来到客厅，向来宾一一引见。小应龙也是知书达理，不待父亲教他，便主动见礼请安。他那满带稚气的脸、一本正经的请安动作，以及不凡的谈吐，立即引起了客人的注意。

一位客人待小应龙问安完毕，将他叫到跟前，拉着他的手说："听说你每天都在家读书，读那么多书有什么用处呢？"

小应龙回答说，"孔子曰：'古之学者为己，今之学者为人。'小侄今日之所以多读书，就是想将来长大后为更多的人做事。"

这位客人听了，认为小应龙回答得铿锵有力，不禁称赞说："小儿乞食牛。"

应龙听了，马上对了一句："丈夫才吐风。"

意思是说，大丈夫应该有写出好文章的才能。这句话和刚才的那位客人的话紧相对应，工整妥帖，使所有在座的人赞叹不已。

许应龙长大为官后，以博学多才、机警敏捷受到朝廷重用。嘉定末年，他任太学博士，时有李全、时青等人南来归附，许应龙经过对多种情况的分析，认为其心不诚，如收留他们，"将有养虎遗患之祸"。不久，李全、时青果然发动叛乱，应了许应龙的话，人们都佩服他有先见之明。

35. 文天祥诗骂土地爷

文天祥，字履善，又字宋瑞，号文山，出生于公元 *1236* 年，吉州庐陵县（今江西吉安市）人，官至丞相，是我国南宋杰出的民族英雄。他写的《正气歌》，千百年来一直被人们所传诵，是我国文学史上的著名篇章。

他那种宁死不屈的精神，在他的少年时期就充分地显露了出来，从本书所述"诗骂土地爷"的故事，可见一斑。

文天祥的父亲文仪，是个未登仕途的文人，喜欢读书、藏书。在文天祥出生的前两年，蒙古国消灭了金国；接着，又分兵三路南下侵宋，于四川、襄汉、蕲黄、江淮之间的漫长战线上，频频发动攻势。而宋军则因朝廷腐败无能，连连败退，不予抵抗。文仪虽然没有做官，但面临国家危亡，甚为担忧。因此，从文天祥两三岁开始，父亲文仪在教他读书识字的时候，就以讲故事的形式，给他灌输了很多爱国的道理，希望他长大后，能建功立业，奋勇杀敌。文天祥天资聪颖，在父亲的教育下，到五六岁时，不但学到了许多文化知识，而且树立了驱寇保国的志向。因此，他在上学时，每当看到学堂里所供奉的本乡前辈欧阳修、杨邦义、胡铨的画像，特别是每尊像前都谥有一个"忠"字时，心情就非常激动，十分敬仰，不止一次地暗暗发誓："我死后如不能和他们排在一起，就不是一个大丈夫！"

可是不久，父亲外出讲学，一连两年未归。由于当时战乱频繁，父亲生死未有信息，母亲急得常常落泪。文天祥看着母亲如此难过，便对母亲说："就是天涯海角，我也要把父亲找回来。"于是，文天祥告别家人，踏上了寻找父亲的路途。

三个月后，他没有找到父亲，却把路费花光了，只好靠乞讨度日；又过了半年，当他来到赣州的一个村子时，父亲依然无影无踪，实在难以找到，便到一富户家中放羊，以此维持生活。

他每天去村外的山坡放羊的时候，总要路过村中的一座土地庙。庙里办了个私塾学校，老师的讲课声、学生的朗读声，常常让他回想起自己上学时候的情景，勾起了他强烈的学习愿望。于是，他便把羊赶到山坡上吃草。为防止羊丢失，他在周围用绳子圈上，他自己则去庙内学堂的教室外面听老师讲课。日子久了，老师发现了他，便把他叫到身边询问。通过谈话，老师发现文天祥不但志向远大，而且聪明好学，认为他前途不可限量，便向富户交了一笔钱，赎他出来跟自己读书。

有一日，富户的儿子发现自己的一块墨不见了，问了许多同学都没有发现。有人欺文天祥是外乡人，竟对富户的儿子说，那墨八成是文天祥偷去了。

文天祥本来就没偷，怎能认账？可是富户的儿子在另外几个人的怂恿下，存心要欺负文天祥，硬拉着他来到土地爷的神像前，按当地风俗摔下一种迷信用品，说是如果迷信用品阴面朝下，说明他没偷；如果阴面朝上，就是他偷了。文天祥被逼无奈，只好按照他们的规定，把迷信用品摔在地上。结果，他连摔了三次，那迷信用品都是阴面朝上。所以，大家一口咬定，墨就是文天祥偷去了。

文天祥感到十分冤枉，便把仇恨记在了土地爷身上。他提起笔来，在纸上画了一个披枷戴锁的土地爷，并在旁边写了一首诗。其诗曰：

身居大厦枉为神，幸天赖我偷墨人；

149

有朝一日登金榜，打你金身出村门。

后在老师的调解下，富家子才算罢休。

公元 *1253* 年，文天祥参加庐陵邑校"帘试"，结果名列榜首；二十岁时，高中进士第一名，即头名状元，从此走上仕途。

36. 欧阳玄日成百首诗

欧阳玄是元代很有名气的文学家。他十岁那年，有一天，朝廷一位分管教育的官吏来县视察。县令为了显示开办教育的政绩，特意挑选了包括欧阳玄在内的十余名学生去见那位官吏。那官吏当场以盛开的梅花为题，让学生每人作一首诗，以检验他们学业如何。当其他学生还在审题思考的时候，欧阳玄已经提笔疾书，一挥而就，交了试卷。

那官吏接过细细一读，情不自禁地称赞说："好诗，好诗，字字珠玑，句句生辉！"

然而，欧阳玄回到家中，仍觉诗兴未已，继续伏案而书，一写就是九十首，第二天一早，便去交给了那位官吏。那官吏读后，大为震惊，随后令人将其母亲李氏召来询问。当他听了李氏的介绍后，不由得感叹道："有志继承祖业，真乃世间奇童！"

故事中的欧阳玄，是宋代大文学家欧阳修的后代子孙，字原功，号圭斋，出生于公元 *1283* 年，原籍吉州吉水（今江西吉水县），后迁至浏阳（今湖南浏阳县），故一般史载欧阳玄是浏阳人。

欧阳玄自幼丧父，由母亲李氏抚养成人。李氏不仅通经书，且善诗词，从欧阳玄刚会说话的时候开始，就教他读书识字。李氏见欧阳玄聪慧颖悟，对所学知识记得快，领会得透，故从他四岁始，便教他读《孝经》《论语》等书，他也是过目成诵。

也就是在这个时候，欧阳玄产生了自满情绪。往日，欧阳玄在学习上刻苦勤奋，谁来找他玩他都不去。然而这一日，母亲因走亲戚外出，恰在此时，一些小伙伴又来找他去玩。他觉得母亲布置的作业不多，一会儿就可写完，况且母亲又不在家，玩就玩一会儿去吧。

谁料他一直玩到傍晚尽兴，才想起母亲布置的作业还没有做，这才急急忙忙跑回家去。他一进门，只见母亲坐在床上，表情冷若冰霜，吓得他扑通跪在地上，等待母亲的责罚。然而，母亲李氏既没打他，也没骂他，而是流着泪给他讲了一个故事。就是欧阳玄的先祖、大文学家欧阳修四岁时失去父亲，母亲郑氏见儿子有才，亲自教他读书，以地为纸，以荻草秆为笔，教欧阳修写字的故事。特别是当李氏讲到欧阳修做官后，仍然努力读书，立下决心要赶上韩愈的宏大志向时，欧阳玄已经泣不成声，遂对母亲发誓说："母亲，孩儿知道错了。请母亲放心，我一定要像先祖那样，勤学苦读，决不会给欧阳氏门庭抹黑！"

从此，欧阳玄像变了个人似的，废寝忘食，通宵达旦。几个月后，他不仅又将先前学过的几本经书，专心致志地重读了一遍，还系统地学习了唐宋时期一些名手大家的文章和诗词。

公元 1281 年秋，母亲李氏见儿子已张口能吟诗，提笔会作文，心中十分高兴。但高兴之余，又觉得自己的学识已经满足不了儿子的求知欲望了，便将他送到一所乡办学校就读。因为这所学校里有位老师名叫张贯之，学识渊博、通晓经史，是当时一位很有名气的学者，并且和欧阳氏家族关系密切。在李氏向张贯之介绍了欧阳玄的情况后，又经过当面测试，张贯之便痛快地收他为徒，并且对其要求相当严格。

在张贯之的教导下，欧阳玄每日读书能记数千言，写诗作文数十篇。两年后，欧阳玄不论在诗词还是在写文章方面，都有了很大进步。

有一位叫黄冠师的学者，和张贯之是莫逆之交，当他见到欧阳玄，又读了欧阳玄的作品后，深有所思地对张贯之说："这个孩子神气凝远，目光射人，不久的将来，就可文章冠世，定是个治国的人才啊！"

随后不久，便出现了本文开头的那一幕。

欧阳玄一日赋诗近百篇的消息传出后，赢来了一片赞扬声，可他牢记母亲的教诲，并不因此自满自足，而是在张贯之的推荐下，又去拜一位姓宇的学者为师。在这位老师的指导下，欧阳玄闭门谢客，博览群书，经史百家，无不研读，习诗著文，更加勤奋。故史书称赞他说："一连数年，人们都见不到他。"

公元 1314 年，欧阳玄考中进士，先后任岳州路平江州同知、翰林待制、翰林学士等职；参与修撰《经世大典》，编修四朝实录和宋、辽、金三史；当时朝廷的一些主要文件多出自其手。就连一些名山大川、佛寺道观的题名、著文，以及王公贵人墓隧之碑，都以得到欧阳玄的文辞为荣，哪怕是他的只言片语，也都被视为稀世之宝。

公元 1358 年，欧阳玄病逝，时年七十五岁，被朝廷追封为楚国公。

37. 徐光启从小爱科学

徐光启，字子先，出生于公元 1562 年，上海人。初为进士，官至宰相，较早师从利玛窦学习天文、历算、火器，尽通其术；遍习兵机、屯田、水利诸书。他是我国近代科学的先驱，古代著名的科学家。

徐光启之所以能成为一个精通多门科学知识的科学家，还要从他小的时候说起。

徐光启出身于一个普通的农民家庭，他的父亲叫徐思诚，虽然读过不少经书，但因屡试不中，只好以种田、种菜为生；他的祖母和母亲为了能使家中经济宽裕些，常年不分寒暑，早起晚睡，纺线织布。即使在这种情况下，他父母见儿子生得聪明伶俐，才思敏捷，仍然省吃俭用，挤出钱来，把徐光启送到村中的一所私塾中读书，希望他能有所成就，光宗耀祖。徐光启深知父母的钱来之不易，读起书来刻苦勤奋，很是认真。课堂听讲，他全神贯注，善于提出问题；课间休息，别的孩子都出去玩了，他依然伏案而读；下学回家，他尽可能地帮助父亲下地干活，但到了晚上他便要挑灯夜读，常常通宵达旦。为了多掌握一些知识，他给自己规定，无论白天学习多紧，干活多累，晚上也要读完两千字的文章才去睡觉。

父亲徐思诚见徐光启年少有志，读书刻苦，心中十分高兴，不但不再让他下地帮助干活，而且因为自己过去读过不少经书，便抓紧一切时间对其进行指导，他要把自己的平生所学全部传授给儿子。祖母尹氏是大家闺秀，善诗歌、辞赋。她从徐光启会说话的时候开始，就教他识字背诗，现见孙儿读书专心，聪明伶俐，便把自己在兵荒马乱的时候也不舍得丢的藏书，如《楚辞》《汉赋》《唐诗》《宋词》等，全部拿了出来，意味深长地对孙儿说："你高祖一生只考了个秀才；你曾祖时，家道中落，读书未成，以务农为生；你祖父弃农经商，家中渐渐富有，可不到四十岁就去世了；到了你父亲这一辈，我专心供他读书，却因赋税繁重，安不下心来，结果屡试不中，也只好中途弃学种田了。现在全看你了，只要你能读书成才，光耀门庭，咱们家无论多么困难，也要全力以赴地供你读书。

在父亲的帮助下，在祖母的亲切教导下，激发了徐光启刻苦读书的自觉性。因此，到他八九岁的时候，不但通读了六经，而且文章、辞赋都写得很好，成了远近闻名的人。后来，在一件偶然的事情中，他又喜欢上了自然科学。

有一天，徐光启放学回家，路过一块棉花地，见一位老爷爷把棉株上好端端的嫩芽都掐掉了，他感到非常奇怪，便上去询问。老人告诉他，现在已到秋季，再长嫩芽，即使生出棉桃来，因为生长期短，也结不出棉花来，而且还要消耗掉不少养分；如果把它掐掉，节省下的养分可以使那些已经成形的棉桃长得更好。

老人见徐光启眼睛放光，听得入神，又说："孩子，这就叫科学，是一种动脑子的学问。"

在平时读经书的过程中，徐光启已经读过华佗用中草药治病，张衡发明浑天仪，以及王恂、郭守敬、许衡联合修订《授时历》的故事，但"科学"两个字的印象，却从来没像今天这样深。

徐光启回到家中，立即来到自家的棉花地里，也学着老人那样，把棉株上新长出来的嫩芽全部掐掉了。他父亲看到，立即上前一把将他拉住，大声说道："那么好的嫩芽你为什么要掐掉，难道你是读书读呆了不成？"

徐光启则不慌不忙地说："请父亲息怒，我这样做自有道理，待我把话说完，你再责骂不迟！"

于是，他便把种棉老人的话对父亲说了一遍。徐思诚也曾是个读书人，思想并不那么僵化，他见徐光启说得有道理，便怒火顿消，和徐光启一同动手，把新长出的嫩芽全部掐掉了。到了收获时，徐光启家中的棉花，比往年取得了更好的收成。

公元 1604 年，徐光启考中进士，走上仕途。此后，结识了意大利传教士利玛窦，和他探讨天文、地理、数学方面的知识，受益匪浅；后又翻译欧几里得的《几何原本》，大有收获。由于他虚心好学，不久便写出了《测量法义》《测量异同》《勾股义》三部著作，对我国后来数学和测量学的发展起了重大的推动作用。

此外，他还利用生病在家休养的机会种小试验田，试种外来作物；成功后，将操作方法写成书，以便推广农业技术。他康复回京复职后，用了五年的时间，修成《崇祯历书》，计一百三十七卷；又根据自己对农业科学的多年实践和研究，写出《农政全书》，共六十卷，包括农本、田制、农事、水利、农器、树艺、蚕桑、牧养等十二目，在这部书中，徐光启仅引用文献资料就达二百五十种。这是我国古代农业科学史上最完备的一部总结性的杰作，也是徐光启毕生最主要的代表作之一。

38. 千古奇人徐霞客

在中国古代科学史上，明代后期是个群星灿烂的时代。除了李时珍、徐光启，还出现了一位用毕生精力考察研究祖国山川的伟大地理学家，他就是被称为千古奇人的徐霞客。

徐霞客献身于考察祖国山河的宏大志向，是从他小时候就开始树立的。

公元 1587 年，在南直隶江阴县（今江苏省江阴市）南旸岐村的一个徐姓书香门第，出生了一个婴儿，他名弘祖，字振之，号霞客。他在父母的影响下，从两三岁开始，便已见聪慧颖敏，而且好读诗书。他的父亲叫徐有勉，因不愿做官而专攻经书，是当地一位很有名气的学者。徐有勉见儿子喜欢读书，心中当然异常高兴，便经常抽出时间，有意识地对他进行辅导。因此，当徐霞客六岁被送到学校读书的时候，便已读完了《诗经》《孝经》和《论语》。

徐霞客在学校里，仍然主学"四书""五经"。由于刻苦认真，又有学经书的基础，他学得特别快，往往别的学生三五天学会的内容，他只用一天的时间就学会了。因此，他一直是学校里的佼佼者，老师经常表扬他、偏爱他，周围的人也都夸他是个有志向的孩子。

他每天从学校回来，在完成老师所布置的作业后，便一头扎在父亲的书房中翻书看。就是从这个时候开始，他对历史、地理、游记和地方志一类的书，产生了浓厚的兴趣，只要一看到这方面的书，他都想一口气看完，常常忘了吃饭和睡觉。

有一天，他在书房看书看得入了迷，母亲几次喊他吃饭，他都没有听见，父亲便又去叫他。父亲一进书房，看到徐霞客一边看书，一边在笑。父亲觉得奇怪，不由问道："看的什么书，这么高兴？"

他说："有位古代学者认为，天下有九州，能去其八，地上有五岳，能去其四，就很了不起了。其实，这有什么了不起？我长大后，一定要足踏九州，手攀五岳！"

父亲一听不对劲，便拿过他面前的书一看，竟是一本游记方面的书，便责备他说："你现在正是学知识长才干的时候，应该一心一意地学习经书，怎么看起这些书来了？"

徐霞客不服气地说："看这些书有什么不好？也可以开眼界，长知识呀！况且，我的作业已经做完了。"

父亲耐心地对他解释说："这些书可以看，但不是时候，等将来长大了，功成名就以后，随便看，可现在不行。你以为做完作业就算完事了吗？还差得远呢！孩子，你要记住，知识无止境，什么时候都不能满足啊！"

徐霞客听了，只好点点头。

虽然如此，但徐霞客并没有放弃他的爱好，只不过改变方法罢了。他常常上面摆着的是"四书""五经"，但在下面压的却是有关历史、地理、游记方面的书。就是靠这种方法，徐霞客在通读"四书""五经"

的同时，也学到了不少地理方面的知识。

在学习地理知识的过程中，徐霞客不是死读书，而是像他读经书那样，一边读，一边思考，常常提出一些问题。他发现，过去的地理书，对中原地区叙述得比较详细，也很清楚，但一写到边远地区的山川河流，却大多是沿袭前人的说法，甚至把不相关的事情也附进去。这样一来，竟变成了固定不变的看法，可是这些说法究竟对不对？符不符合实际？却没有人去考证。

有一天，他向老师请教完经书中的问题后又提出了这些疑问。

老师听后大为惊奇。老师感到，徐霞客提出的这些问题，一些专家学者，包括自己，都曾在讲述这方面的知识时,产生过类似的疑问，但谁也没有像徐霞客这样系统地提出过。他感到，这孩子的思维非同凡响，如果坚持下去，很有可能成为这方面的专家。

随后，老师把自己的想法说给了徐霞客的父亲听。父亲听了也大为惊奇。他过去总认为徐霞客看这方面的书是看着玩，却根本没想到他对这方面的问题看得这么深、这么细。于是，父亲便对老师谈起了徐霞客曾对他说过"要足踏九州，手攀五岳"的话。

老师大为感慨地说："看来这孩子有志于祖国山河的研究，真是人小志大啊！"

父亲很是高兴，不但不再禁止他看历史、地理方面的书，还到处购买介绍旅行家的书供他阅读，有意识地在这方面对他加强培养。

徐霞客的家乡江阴濒临长江，他天天都能看到宽阔的江面上滔滔的巨浪一泻千里，推动着滚滚的江水向东奔流而去，每当这时，他都觉得随着汹涌的波涛，自己身上的热血也已经沸腾起来了。

有一天，这位好动脑子的少年，望着那滔滔不绝的江水，却对长江的发源地产生了疑问。他想道，自古以来，那本被奉为地理学经典的《禹贡》说："岷山导江。"这意思是说，长江的发源地是地处四川甘肃交界处的岷山。若果真这样，长江就应比黄河短；但是，以长江的水势之猛，流量之大进行分析，它的流程怎么会比黄河短呢？黄河、长江，究竟谁长谁短？

徐霞客决心长大后亲自去做一番考察。这时，他才是一个十四岁的少年。

徐霞客像他的父亲一样，虽然通晓经书、诗词，却无意于功名，他要把自己的毕生精力献给考察祖国山河的宏伟事业。

在徐霞客十八岁那年，他父亲去世，但在母亲的支持鼓励下，他仍踏上了考察祖国山河的征途。

他先游览了离家不远的太湖，登上东西洞庭山，然后去珞迦山、天台山、雁荡山，接着到了古都南京，又攀百岳山、黄山，转而又南下福建，爬上了武夷山。

徐霞客自 1607 年游太湖开始，到 1640 年从云南抱病回家为止，走遍了大半个中国，包括江苏、浙江、安徽、山东、河北、河南、山西、陕西、福建、江西、湖北、湖南、广东、广西、贵州、云南等地，总计三十四年，写出了众多著作，去世后由他人整理成震惊于世的游记巨著《徐霞客游记》。

39. 左宗棠出口成章

左宗棠是中国近代史上人们所熟知的一位有影响力的人物。他经历过鸦片战争、太平天国运动、洋务运动等重要的历史阶段。他曾创设福州船政局、马尾船厂，大力兴办洋务，探索实业救国的道路，也曾全力投入收复新疆的斗争,并以垂暮之年驰骋于抗法战争的前线。他的爱国热情深得人们的钦佩。

左宗棠 1812 年出生在湖南省湘阴县一个书香门第。父亲左观澜虽然饱读诗书,却不能中举,既做不了官,又没有多少土地,日子过得十分艰难。为了维持生计,左观澜不得不一面读书,一面教书。左宗棠三岁的时候,就在做过国子监生的祖父教导下读书、识字。左宗棠四岁的时候,祖父把全家迁到了长沙,并且开了一所学馆招收学童。也就是从这一年开始,祖父对身边这个最小的孙子进行严格的儒学教育,教左宗棠读《论语》《孟子》等经书。

这一年,祖父去世。左宗棠的父亲左观澜此时已年过四十,因为自己"功名"不就,便把希望寄托在左宗棠身上,对他进行严格的训练。

年幼的左宗棠聪颖好学,父亲教的经书史籍他都能很快地掌握。贫苦的家境,使左宗棠很小就饱尝了生活的艰辛,也使他下定决心,勤勉努力,以学业的成就回报父亲的殷切希望。左宗棠为自己立下了这样一条座右铭:"慎交友,勤耕读,笃根本,去浮华。"他用这条座右铭提醒自己谨慎结交朋友,勤奋刻苦地读书,努力去掉虚浮奢华的习气,崇尚实际,追求做人的根本。这条座右铭对左宗棠的一生都产生了深刻的影响,指导他无论在何种情况下都始终如一地努力下去。

为了让儿子得到更加系统的学识,父亲将儿子送进学堂。父亲每天都要亲自背着瘦小体弱的左宗棠通过学堂与左家之间泥泞的小路,伏在父亲背上的左宗棠听得到父亲赶路时"怦,怦"的心跳,感觉得出父亲急促的喘息。在左宗棠的父亲看来,背上背着的不仅仅是自己的小儿子,而是他一生的渴求与希望。他要凭着自己的腰杆给左家驮出一个改变命运的"神童",幼年的左宗棠深深理解父亲的良苦用心,他知道，对父亲唯一的回报便是努力。

有一天，父亲像往常一样背着左宗棠跨进了学堂的大门，照例把儿子背到了课桌前。坐在讲堂前的先生抬起头，眯着眼睛看着这对父子，突然他即兴开玩笑似地说了一句：

"以父作子。"

一句话，引起整个讲堂里的学生哄堂大笑，全体学生的注意力都集中在这父子俩身上，搞得气喘吁吁的父亲哭笑不得，十分尴尬。左宗棠见先生在开他们父子的玩笑，一骨碌从父亲的背上爬下来，看着先生眨了眨眼睛，用他那带着稚气的嗓音毫不示弱地回敬道：

"望子成龙。"

这四个字看似平淡无奇，但与"以父作子"相对，则显得精妙绝伦、准确贴切。既含有父亲对儿子的拳拳深情，又透出儿子对父亲的理解和安慰。于是刚才的一场哄笑顿时变成了满堂喝彩。先生笑着站起身来，走到左宗棠父子跟前，抚摸着左宗棠的头，不住地夸奖："神童，神童，真是个神童啊！这孩子将来一定会有大出息。"

左宗棠的聪颖、机智一时被人们传为佳话。

父亲为了训练儿子的才思，经常让他赋词连句。左宗棠仔细体会，认真玩味，一个对子、一句续诗他往往能对出四五个不同的句子，然后从中选出一个最佳的交给父亲。正是这种严格的训练，使得左宗棠能够在关键时刻妙语惊人，才思泉涌。

贫苦的家境，使左宗棠深切感到父母对自己寄予的期望，也培养了他不屈从于权贵，以苦为乐的性格。

有一天，父亲把左宗棠叫到书房，让他为书房撰写一副对联，要求言简意赅，立意深远。左宗棠接过父亲递过来的笔，坐在铺开的纸前，陷入了沉思。他望着书房里摆到屋顶的书籍，眼前呈现出左家居室的简陋，浮现出终日操劳的母亲的身影，浮现出望子成龙的父亲眼里流露出的殷切期待的神情……突然，一道灵感的火花从他脑海里划过，他立即伏下身去，在铺开的纸上挥洒起来，倾刻写就：

身无半亩，心忧天下

读破万卷，神交古人

当左宗棠双手捧着写好的对联送到父亲面前的时候，父亲的脸上露出了满意的微笑。

这副对联写得极为出色，语句通俗简明，内涵深刻、丰富。"读破万卷"一句出自杜甫的诗《奉赠韦左丞丈二十二韵》："读书破万卷，下笔如有神。"后来苏轼将这两句诗化为一句格言："读书万卷始通神。"意思是说，心中装下万卷诗书，作诗著文即可挥洒自如，得心应手，若有神助。左宗棠自然深谙这诗句的深刻含义，他将其稍加变换写入自己的对联。

这副对联引用杜甫的诗句"读书破万卷，下笔如有神"和由此引出的"读书万卷始通神"的含义，将其稍加变换写入自己的对联中，意在以此激励自己：当存远大宏伟之志，以国为怀，"心忧天下"，仰慕前贤，"神交古人"，不以"身无半亩"而自悲，要以"读破万卷"而自豪。

读罢这副对联，父亲在心中禁不住对儿子的远大志向和抱负赞叹不已。望着眼前这个和所有家人一样历尽贫苦，然而却十分懂事的孩子，父亲感觉到一阵阵的欣慰。

左宗棠不仅饱读经史，而且博闻强识，凡是当时能找到的有益的书他都要找来读一读。有一次，他在书铺里买到一部顾祖禹的《读史舆纪要》，如获至宝，他十分喜欢书中描绘的山川险要，钦佩作者对战守机宜的了如指掌。他还读过顾炎武、齐如南等人的书。广泛地涉猎各种书籍使左宗棠做了大量详细的笔记。这些对他以后率兵征战、兴办洋务起到了重要的作用。左宗棠的博学在当时沉湎于科举的文人看来是不务正业的表现，为此，他常常遭到这些人的嘲笑。然而，左宗棠对这种种嘲笑毫不理睬，仍然坚定地走着自己的求学道路。

左宗棠十五岁那年，赶上大旱，家中无粮，只能以糠屑充饥。母亲因此患病，不久便离开了人世。为了给母亲治病和办丧事，左家向人借了一大笔钱，这使得本来就穷苦的左家生活更加困顿了。三年以后，也就是左宗棠十八岁那年，父亲又一病不起，左家的脊梁摧折了。家境从此一落千丈。左宗棠家原来是个有十口人的大家，如今，只剩下左宗棠与二哥左宗植二人相依为命，好不凄凉。不久，二哥又谋食他乡，客游武昌，只留下左宗棠孤单一人。幸好，在"湘水校经堂"读书的左宗棠，因学习成绩优异，得到了校方的生活资助，才得以维持自己的生活。

贫苦的生活、不幸的遭遇并没有把左宗棠压倒，反而更加磨练了他倔强的性格和坚韧的意志。他把自己比视为卧龙岗隐居的诸葛亮，把全部的精力都投入研读书籍、增长学识中，期待着能有一天脱颖而出，重振家威。

后来他终于成长为著名的洋务派首领和英勇御敌的爱国将军。

40. 魏源读书数月不下楼

魏源，湖南省邵阳市隆回县人，清代道光年间著名的思想家、政治家、文学家，我国近代闻名的资产阶级改良主义的先驱，19世纪伟大的爱国主义者。

魏源小的时候聪明伶俐，智慧超群，被誉为"邵阳的神童"。他读书刻苦，博闻强识。凡他读过的书，没有不能背着默写下来的。

魏源七岁那年，有一次，他在楼上刚看完一部书，觉得有点累，就下楼同一群孩子嬉戏。他们在楼下跑来跑去，东躲西藏，把一只猫吓了一跳，只见这只猫径直地窜上楼。

孩子们觉得十分有趣，追赶着猫在楼上乱跑。突然，猫窜上魏源的书桌，"砰"地一声踹倒了墨汁，把魏源刚看完的一本书污染得不像样子，几乎无法辨认书上的字了。魏源十分惋惜。不过，不一会儿他好像若无其事的样子，把那本被污染的书放在一边，取来一个新本子，当晚就把那本书背着默写出来了。第二天拿着旧本子一对，一字也不差。

魏源九岁那年，他随哥哥进城办事。他的一位同窗好友张某托他买《府学应试文选》和《县学应试文选》各一本。回家后，他只交给友人一本《县学应试文选》，对友人说："很对不起，我带的钱不够用，只帮你买了这本《县学应试文选》，下次进城一定帮你买到。"

友人显得有些不高兴。魏源见了，牵着他的手笑着说："张兄不要难过，幸好这本书我在城里书市上读过，还记得许多。如果你急着用它的话，何不我背你写，把它默写出来呢？"

姓张的友人不相信魏源的话，以为他是在同自己开玩笑，但禁不住魏源的一再相求，友人只好坐下来抄写。这样背写了三天，一部《府学应试文选》重新写了出来。

过了不久，这位姓张的朋友来见魏源，他兴高采烈地告诉魏源，他们合作默写的那部书同原书没有什么差别。姓张的朋友十分敬佩魏源的才能，称魏源是"天才"。

魏源真的是"天才"吗？如果不是，那么魏源博闻强识的能力又是怎样培养出来的呢？

魏源生在一个世代做官的读书人家庭。他的祖父、父亲、叔伯都有功名，魏源出生的时候，他的父亲在外面做官，所以他是由爷爷和二伯父教养大的。

魏源刚生下来时性情特别，很少嬉笑，常常独自坐着沉思，显得呆头呆脑的，有时会提一些古怪的问题。但魏源的爷爷十分喜欢魏源，他常对家里人说："这个孩子性情相貌不寻常，将来是会有异绩的呀，不要像教养一般的孩子那样教育他。"爷爷明白魏源发呆是在想问题，知道孙子外表平静，脑子灵活。爷爷亲自教他读诗书，对魏源要求很严格。

魏源的二伯父魏有邦此时刚好在家，他也常教育侄子。他不惜重金，寻访名师，将其请到家里来教魏源。

六岁时，魏源入了家塾，但他并不爱学习，玩心很大。一本《启蒙三字经》念了十天，还支支吾吾半天背不出几句。他的老师就生气了，拿起戒尺就打了魏源一下，戒尺打中了脑门，他当即昏倒在地。老师见状，慌了神，只好亲自向魏源家长说明原因并赔礼道歉。

不久，魏源渐渐地醒过来了。他环顾四周，忍受着疼痛，记起了刚才发生的事。当即他坐起来，对众人说："刚才我做了一个梦，梦见我走到一条大河边，看见河上有四只大船，每只船上都装满了书。不知怎的，正走着我肚子饿得慌，就拿船上的书吃了起来，已经吃了三船书，却被母亲的哭泣声唤醒。"

从这以后，魏源立志吃尽"三船书"，勤奋读书。白天他听老师讲课，夜里通宵达旦地读书。母亲为了他的健康，常责令他灭灯就寝。但他总是等到父母睡下了以后再爬起来，在床边的凳子上放一盏油灯，用一个方凳罩住，蒙上衣服，仅在向床的一边留一小口，借着灯光读书。

书看到入神之处，他就数月不下楼，菜饭都由家人传送。

一年端午节，家人送来一串粽子和一碟白糖，放在他的桌上。他头也不抬，边吃边看书。等家人来收拾碗筷时，发现他满嘴乌黑。原来他在吃粽子时，把砚池的墨当糖吃了。

书读多了，魏源也就聪明起来了。九岁那年，魏源到县城里去考秀才。县令喊到他的名字时，见他相貌不凡，有心考考他，就指着茶杯中的《太极图》说"杯中含太极"，要魏源作对子。魏源想到"吃三船书"的故事，马上脱口而出"腹内孕乾坤"。县令一听，十分惊异。

魏源十二岁那年，当地有个不学无术的举人，剽窃了别人的诗作。魏源发现后，当众揭了他的老底。这个举人恼羞成怒，寻机报复。

一个夜晚，举人提着灯笼上门挑衅，他指着灯笼里的蜡烛出了上联，想难倒魏源：

油蘸蜡烛，烛内一心，心中有火

魏源看出了举人的用意，当即灵机一动，应声答出一联：

纸糊灯笼，笼边多眼，眼里无珠

魏源机智地讽刺举人"有眼无珠"，岂敢来戏弄我！举人狼狈地逃走了。

十五岁时，魏源中了秀才，十九岁获得了上京赶考的机会。进京后，他名气很大，名声在京师远扬，但他也不骄傲，依然努力读书。

京师是个大地方，公私藏书很多。魏源利用一切机会拼命读书。据记载，魏源进京后，几个月不出来拜见老师和朋友。他的老师以为魏源病了，就亲自去看魏源。老师一见到魏源便大吃一惊，只见魏源蓬头垢面、衣衫很脏，一脸倦意。先生爱惜地对魏源说："你为了读书抄书几个月不离小楼一步，实在可佩。但你不能不注意你的身体呀！"

就这样，魏源终于成为我国有名的大文人。中年以后，魏源仍然刻苦读书，他学习西方的文化知识，在林则徐《四洲志》的基础上写成了《海国图志》，成为我国近代了解西方的第一批中国先进人物之一。

41. 袁枚诗名压倒九州人

诗名压倒九州人，文章横扫千军强。

高丽使者购吟稿，鸡林贾人夺取忙。

百年江东卿独秀，一顾冀北群空良。

这是袁枚七十大寿时，一位大诗人赠送给他的诗。诗的大意是说袁先生您的诗家喻户晓，名气大得很。您的文章气势磅礴，那威势比千军万马还要强。中国的每一个人都知道您，就连朝鲜使者也来重金购买您的诗和文章，泰国的商人争相抢购您的诗书，回去赚大钱。先生您真是千百年以来江南少有的人才，就是中国北方也没有人敢同您相媲美。您是我国千百年来的第一大人才。

这首诗绝无对袁枚吹捧之意。事实上在乾隆时期文坛中，袁枚的地位就是这样。人们称袁枚为"当代龙门"、学界"泰斗"。同袁枚齐名的清朝大文人赵翼也曾经作诗说："子才（袁枚的字）果真是才子，我要分他一斗来。"

为什么袁枚会有这么大的名气呢？

袁枚在他的《对书叹》中说："我年十二三，爱书如爱命。每过书肆中，两脚先立定。若无买书钱，梦中犹买归。至今所摘记，多半儿时为。"袁枚说他的成才主要是因为他少年时代的努力。他年少的时候，十分喜欢看书，可是家里没有钱买书。每一次经过书店他就要走进去，站在那儿读书、背书。他现在的作品，多半是少年时候记下来的东西。可见，少年时代的教育对一个人成才是多么重要！

袁枚 1716 年出生于浙江省钱塘县（今杭州市）一个贫苦的读书人家庭。曾祖父、祖父都是清朝很有造诣的读书人。曾祖父写过一本《竹江诗集》，祖父也有诗集相传。幼年的袁枚曾经动手抄写、背诵过这些诗集。

到了袁枚父亲这一辈，家庭开始贫困了起来。为了谋生，袁枚的父亲、叔父长期在外漂游，给别人当幕府。因此，袁枚幼时的教育是由他的祖母和姑妈来承担的。姑妈是袁枚最好的老师，也给了袁枚良好的家庭教育。

袁枚的姑妈知诗书，读过《史记》及其他笔记小说。因为丈夫去世了，搬回袁家住。她看见侄儿聪明伶俐，特别讨人喜爱，禀赋同别的孩子不同。所以，当袁枚还在他祖母怀中被抱着时，姑妈就教他读书识字了，并唱诗给他听。年幼的袁枚十分喜欢姑妈说的故事，因为姑妈的故事娓娓动听。姑妈有一种特别的本领，她能把史书中纷繁的历史事实编成浅显易懂的故事讲给侄儿听。姑妈讲完了故事总是要袁枚再讲一遍，讲错了的地方，姑妈就把它纠正过来。在姑妈的指导下，袁枚三四岁已经略知汉、魏、唐、宋等朝代的国号和著名人物、重大事件。五岁时，姑妈又教他读《尚书》，使他初步具有了一定的文史知识。姑妈的思想也影响了袁枚，使袁枚从小就对封建礼教很痛恨。

六岁时，袁枚开始接受正规教育。祖母送他入了私塾，熟读《论语》《大学》等四书五经的一些内容。祖母希望孙子读经书，走八股取仕的道路。

这时的袁枚由于家里贫穷，无钱买书，所以除了读四书五经，没有读过诗。九岁那年，有一次他的老师外出了，留下袁枚在学堂读书习文。他的老师的一个朋友拿了一些诗集来学堂拜见袁枚的老师，见其不在，便留下四本《古诗集选》并留言给袁枚的老师："我现在急需钱用，敬奉四本古诗集选，希望你能赏给我二两银子。我将十分感谢，你简直帮了我大忙。"

袁枚把这四本《古诗集选》拿来细看，如获至宝。从这时起，袁枚开始自学诗文，学习更用功。他白天在学堂上读四书五经，夜晚在家里读诗吟赋，常常大声吟诵，背熟后又把它们临摹下来。

年幼的袁枚爱诗到了发狂的程度。他读诗、背诗、抄诗，也写诗。有一次，他和他的同窗好友在门外地上作诗，等到他们各自把诗在地上写完以后，天下起雨来了，他们就在雨里欣赏他们写的诗，互相切磋更正。在家里，他常同妹妹一起读《诗经》，一边朗朗地读，一边默默地记，然后两个人比着看谁能把诗先背着写出来。

袁枚的老师看到他这么用功，总是暗暗称奇，对袁枚的教育更加上心。

袁枚十二岁那年，他同老师一起中了秀才，入了县学。当县上喜报传来时，袁枚还在同村里的孩子们一起玩竹马游戏。十二岁的孩子中了秀才，而且是师生二人一起中的，人们很是惊讶，纷纷跑来看这位神童。

十九岁时，袁枚的文章得到人们的好评，对这位少年英才人们倍加赞赏。

二十岁时，袁枚到广西桂林找自己的叔父，遇见两广总督。总督大人见袁枚一表人才，谈吐举止不凡，想考考他的文才。于是他叫袁枚写《铜鼓赋》。袁枚拿起笔不一会儿就写好了，总督看后大加赞扬。这篇赋写得气势浑厚，非同一般，文字瑰丽。据说乾隆南巡时读过袁枚的《铜鼓赋》，赞叹不已，让人把它刻录下来，带回宫中细细欣赏。

袁枚的才能轰动了整个广西，广西的才子士人都来探问袁枚的学识，想同他结交。两广总督佩服袁枚的才气，把他向朝廷推荐，送他到京师赶考。

袁枚一到京师，他的才能学识就使京师文人学子为之倾倒。京师有才能的人都赞叹说："美才多，奇才少；子（指袁枚）奇才矣！"

二十三岁袁枚就中了举人，二十四岁又中进士，被选进国家最高学术机构翰林院。袁枚的名声和才气，震撼文坛，使天下人骇然。

袁枚年老的时候常拿他幼年时期爱书如命、勤奋好学的故事来教育有志成材的青年人，鼓励他们努力上进。他常感叹地说："书不是借来的就不能好好地读它。我年少的时候，家里贫困无钱买书。有个姓张的人家藏书很多，我去借书，他不给我。回到家里我做梦还想到那些书哇！爱书的程度是多么强烈！所以一有好看的书，我就把它们记录下来，牢记在脑子里。后来当了官，有了钱，能买许多书，但我读书的劲头却减弱了呀！少年时代应该多读书,这千真万确地必要。否则，不可能成材。"袁枚的成功经历给我们的启发是多么重要！

42．林万潮七岁作《闻鼓》

林万潮，福建莆田人，出生于嘉靖年间一个普通官员家庭。他的父亲曾为莆田县丞，通晓经书。林万潮自幼聪慧，在父亲的指导下开始读《论语》《孟子》，到五六岁时，对文学产生了浓厚的兴趣。他年龄虽然不大，却熟知魏晋以来所有诗作大家的作品，尤其喜读"初唐四杰"和李白、白居易的诗。他认为，这些人的诗不但气势雄伟，而且格调欢快，读后使人心旷神怡，有一种奋发向上的动力。

六岁那年，父亲送他去私塾读书，主学经书。后来，老师发现他在学诗方面似乎更有超人的天赋，便不强迫他去读经书，而是有意发挥他的长处，主动借给他一些诗集和有关诗词理论方面的书看。这对林万潮来说，真是像鸟飞天空、鱼游大海一样，不到一年的时间，其诗作便有了惊人的进步，尤其是他的《闻鼓》一诗，令人读后拍案叫绝，谁也想象不到这诗竟出自一个年仅七岁的孩子之手。

在他七岁那年的大年三十，老师和同学们都回家过年去了。林万潮家这天更是热闹：贴对联、挂灯笼、扎彩棚，忙而不乱，家里都是欢声笑语，充满了节日的气氛；特别是他那两个好热闹的叔父，认为一年到头，这是最后一天，索性叫来一个戏班，在大门口唱起戏来。

一时间，锣鼓齐鸣，乐声四起，男问女答，声音欢快动听，招来了里三层外三层的听众；就连林万潮那位因年纪过大，平时根本不出门的老奶奶，此时也在家中坐不住了，非要人给她搬个凳子，到门口坐着听戏不可。唯有林万潮一人，独坐书房，在专心致志地读书、背诗、作诗，只听他背道：

> 谁家玉笛暗飞声，
>
> 散入春风满洛城；
>
> 此夜曲中闻折柳，
>
> 何人不起故园情。

这是唐朝李白的一首诗，题为《春夜洛城闻笛》。林万潮朗诵完这首诗，举目向窗外眺去，陷入了悠远的遐想。院中的树枝虽然光秃秃的，但他似乎看到那幼芽正在进行一次大的突破；后花园中的花草虽然早已枯萎，但他似乎看见了春风正向它们招手。百花也在跃跃欲试，准备竞相开放；特别是门口那响彻云霄的锣鼓声、乐器声，还有那婉转动听的曲调，不正是催春的惊动吗？春天就要来了，一片繁花似锦的景象，随着那阵阵惊雷的催促，就要出现了……

他凝思片刻，忽地提起笔来，以《闻鼓》为题，写出四句诗来：

　　谁击堂前鼓，

　　如闻出地雷；

　　百花犹未发，

　　全仗数声催。

后来，这首诗广泛流传，人们竞相传抄。

43．黄景仁九岁中秀才

黄景仁，字汉镛，一字仲则，出生于公元 1749 年，武进（今江苏武进县）人。

黄景仁出身于书香门第，两三岁时，就已经聪明过人，父母教他读书识字，一遍就能记住。可是在他刚刚四岁的时候，父母相继去世，黄景仁成了孤儿，由他的叔父把他收养。

他虽然小小年纪失去了父母，但却很有志气，读书很刻苦。他的叔父不识字，他就利用父母在世时所学到的一些字，一字一句地读《千字文》和《论语》，有了不认识的字，就查字典，有了不懂的词句，就向邻人求教。就是用这种方法，在上学之前，他就把《论语》《诗经》几乎全部背了下来。

叔父家也不富裕，但见小景仁读书刻苦，很高兴，决心将他培养成才，便卖掉了家中仅有的一头牛，供他读书。

小景仁被叔父对他的殷切希望感动得流下泪来，入学后读书越发刻苦。他到校比谁都早，放学后别的孩子都走光了，他仍然伏案而读；回到家中，叔父没钱给他买灯油，他便效法古人，借月光、雪光，或把柴草点着，借光读书。

公元 1758 年，小景仁年仅九岁，便被老师推荐去县城参加童子试。

开考前，小景仁和其他一些考生，共同住在江边的一座小楼里。这些考生年龄都比他大，有的十八九岁，有的三十多岁，甚至还有四五十岁的老童生，临考前复习功课，时间抓得都很紧，只有黄景仁满不在乎，蒙着被子睡大觉，丝毫不为考试担心。

有人把他叫醒，好心地劝他说："明天就要开考，别睡觉了，快起来复习功课吧！"

小景仁睁开惺忪的眼睛，煞有介事地说："不要吵我，一吵，我的诗就给吵跑了！"

叫他的人听了笑道："叫都叫不醒，还有什么诗？怕是做梦写诗吧！"

小景仁说："不是做梦写诗，而是梦中有诗！"

他这一说，引来不少童生围着问他："你梦中有什么诗，念出来我们听听！"

小景仁见大家不信，于是张口念了出来，其中两句是：

江头夜雨，楼上五更寒。

众人听了，都称赞他才气不凡。

经过考试，小景仁以优异的成绩一举得中生员，成了全县年龄最小的秀才。

可是后来，也许他读书过于用功，生活条件太差，身体经常得病，屡试不得第一名。而他又有个倔劲，只要不考中第一名，就决不出来做官，因而又得个狂傲的名声。二十五岁后，他不再应试，云游天下，专攻诗词，其风格取北宋诸家之长，终于自成一家，与当时的著名诗人王昙齐名，世称乾隆"二仲"（王昙字仲瞿），著作有《两当轩集》等。

公元 1783 年，黄景仁卒于解州，时年三十五岁。

44. 黄遵宪埋头破屋心非甘

要搏扶摇羊角直上九万里，

埋头破屋心非甘。

这是黄遵宪青年时寄一位友人的诗句。意思是说，我黄遵宪志向远大得很，有壮志凌云的豪迈气概，怎么能像一般的儒生一样终日埋头破屋攻读四书五经，学习八股文呢？我要求得真知实学，名垂青史呀！

果真，黄遵宪后来成了名垂青史的人物。他率先倡导了"诗界革命"，写我国劳动人民抗击外国侵略者斗争的史诗，表述自己的爱国思想，成为我国近代史上有名的爱国诗人。他勇于革新变法，参加戊戌变法运动，希望通过变法达到富国强兵，赶走外国侵略者的目的，是我国著名的爱国志士。他担任驻外使节十多年，处处维护祖国的尊严，保护侨胞的利益，深受海外华侨的拥护和爱戴，是我国有名的外交家，世界也知其名。

黄遵宪的成材得益于他的少年志向、才能和他生活的时代。

黄遵宪生于 1848 年，是广东省嘉应州（今广东梅州市）人。他的祖父是个商人，家里比较富有，爷爷就送孙子上学读书，准备将来取仕做官。黄遵宪的父亲在黄遵宪九岁时中过举人，做了官。父亲的

173

诗和文章写得很好，一生写了不少书。黄遵宪从小就受父亲影响，喜欢学习，爱好读书。

不过对黄遵宪一生影响最大的不是他的读过许多书的父亲，而是会唱山歌的曾祖母。幼年的黄遵宪是由曾祖母一手养大的。曾祖母特别爱好诗歌，尤其是山歌。据记载，曾祖母常常在夜晚请人到家里来演唱山歌和弹词（一边弹乐器一边演唱的民间艺术）。黄遵宪躺在曾祖母怀里听这些山歌和弹词，耳濡目染竟能背诵许多。他刚刚牙牙学语的时候，曾祖母又教他唱儿歌"月光光，秀才娘，骑白马，过莲塘"。

曾祖母常同黄遵宪一起合唱。这情景给黄遵宪很深的印象，以致成年以后，他还常常回忆他和曾祖母合唱儿歌的情景，获得美的享受。稍大以后，曾祖母又教他读记《千家诗》。在曾祖母教育下，黄遵宪具有了初步的文学修养。曾祖母的教育，激发了黄遵宪的求知欲望和进取心。黄遵宪后来提倡"诗界革命"，写新体诗，主要是由于他对民歌的爱好。

黄遵宪深受曾祖母教给他的民歌的影响，他下到民间，搜集家乡一带的民歌、唱词，把它们稍加整理，写成诗。他发现这些山歌内容真实，感情真挚，形式欢快活泼，读来朗朗上口，不像旧体诗形式古板，空洞无物。所以他就率先写新体诗，推动诗歌领域的革命。后来黄遵宪做了外交官，到了日本，他还是带着这种对民间歌词的爱好，广泛搜集日本民间诗歌，汇编成册，成为中日文化交流的宝贵资料。可见，黄遵宪诗歌成就的取得同曾祖母的启蒙教育关系多么重大！

曾祖母在帮助黄遵宪确立志向上也起到了很大的作用。她教育黄遵宪从小就要立大志，长大才能成才。曾祖母常问黄遵宪"牙儿呀，你长大想干啥子事？"小黄遵宪一会儿说"唱好听的山歌给太太听""弹好听的词让太太欣赏"，一会儿又说"像爹爹一样读书、中举人、做官老爷"。曾祖母就引导黄遵宪说"牙儿呀，立志要专一，不能今天想立志读书当官，明儿又想唱诗弹词，见异思迁是不行的。"曾祖母的愿望是要曾孙读书致仕。在封建社会，读书取仕是一般人家的最高理想，即"万般皆下品，唯有读书高"。曾祖母要曾孙树立最高理想。黄遵宪九岁那年，父亲中举的消息传来，曾祖母兴高采烈，抚着黄遵宪的头说："这孩子属猴，比猴子还要聪明伶俐，'雏鸡比老鸡，异时知如何'，长大了不知道会不会比他父亲有出息呢？"

黄遵宪入学后，学习十分用功，天资过人。十岁时开始写诗，才气不小。一次，他的老师把宋代嘉应州诗人蔡蒙吉的诗句"一路春鸠啼落花"作题目，让他写诗。黄遵宪稍加思考，就写下了"春从何处去？鸠亦尽情啼"的句子。老师很惊诧，暗暗称奇。第二天，老师又出了一个题目叫"一览众山小"让他写。"一览众山小"是唐朝大诗人杜甫的名句。出乎人们的意料，这次他竟写下了这样不凡的句子："天下犹为小，何论眼底山！"这句诗的意思是说一个志向远大的人，站得高，看得远，连整个世界大势都看得一清二楚，整个世界就在我眼中变得很小了，更何况那些一目了然的眼底群山呢！这些大山在我看来不值得一提。小诗人的远大抱负和才气赢得了乡邻的赞赏。老师告诉曾祖母说："这孩子出语不凡，将来必成大器！"曾祖母连连点头，笑着说："我早就看出来，牙儿是有出息的，今天果真应验了。"

少年黄遵宪的名气渐渐在岭南一带传扬。他的老师周郎山对黄遵宪的诗文极为推崇，说"过岭以来所见士，君一人耳"。意思是说黄遵宪你是南岭地区最有才能、最有学识的人。二十多岁时，黄遵宪到北京赶考，遇见了当朝权贵李鸿章。李鸿章虽然是个大卖国贼，但他的学识还是很有名气的。李鸿章见黄遵宪谈吐举止不凡，气质不同一般，就考黄遵宪。从诗文到政论，黄遵宪都对答如流，见解不落俗

175

套，思想很有见地。李鸿章不得不佩服黄遵宪的才能，称他是"霸才"，即"独霸"一代文坛的才子。

如果不是时代的原因，黄遵宪的道路也许真的如曾祖母所希望的那样走下去。

黄遵宪生活的时代，是外国资本主义加紧侵略中国，加深中国殖民地化的时代。清朝的统治越来越腐败，农民起义此伏彼起。具有爱国思想的黄遵宪经历了第二次鸦片战争、中法战争、中日甲午战争、八国联军侵华战争，他对外国资本主义的侵略十分愤慨，他要学"经世致用"的东西来报效国家。他看到清政府卖国求荣，统治越来越腐败，他十分忧虑，他要改革朝政，变法维新。

他决心不再走八股取仕的道路，他痛恨科举制度，认为四书五经是雕虫小技，它既不能经世也不能治国。当时他认为我国主权的丧失、领土的被割让都是清朝官员腐败无能不会外交所致。他决心当一个外交官，到国外去研究西方强盛的原因，寻找富国强兵的办法，同时据理力争，保护祖国的利益不再受到侵犯。

具有远大志向的黄遵宪从二十九岁起走上了外交救国的道路。他先后担任过驻日本使馆参赞，驻美国旧金山总领事，驻英国总领事和驻新加坡总领事。

1896 年 10 月，四十八岁的黄遵宪回国见光绪皇帝，他告诉光绪皇帝说："西方之所以比我国强盛，全是西方国家实行了变法维新的缘故。""我在英国伦敦的时候，听当地老人讲，一百年以前的英国根本不能同我国相比，只是变法以后才强盛起来。所以我认为，中国要想强大起来非实行变法不可！"

光绪皇帝听后大受震撼，想要变革。黄遵宪成了戊戌变法的中坚力量。他在湖南办南学会，宣传变法的思想；帮助康有为、梁启超办强学会，创《时务报》。黄遵宪因为力倡变法名垂史册！

　　宪也少年时，谓芥拾青紫。

　　五岳填心胸，往往矜爪嘴。

少年立大志，长大成宏才。黄遵宪就是一个典型。

45．能"复印"音乐的儿童

　　一个智商仅 28.3 的弱智儿童，生活不能自理，没有完整的语言表达能力，却在音乐方面有惊人的天赋。他能无师自通地弹奏电子琴，能过目不忘地把电视上看过的音乐节目背诵下来……

（一）

　　1983 年 7 月的一天，黑龙江省牡丹江市的恒丰纸业集团的职工医院里，一个男婴呱呱坠地，他的父亲，是这个医院放射科的医生杜春杰，母亲马玉萍是当地邮电局的一名工人。夫妇俩欢天喜地地给儿子取名叫杜劢博，希望他日后聪慧博学，前程远大。

　　一个月后的一个深夜，小劢博突发高烧近 40 度，杜春杰夫妇俩慌了手脚，抱起儿子，连夜赶到牡丹江医学院附院小儿科就诊，确诊为急性肺部感染。接下来两天两夜的抢救治疗，马玉萍一直没合眼，等孩子病情终于稳定下来，她才趴在病床上沉沉睡去。不知过了多久，朦胧中，马玉萍听到主治医生和丈夫杜春杰的一段对话。

　　医生："有一件事必须告诉你，你的儿子可能是先天痴呆！"

　　杜春杰先是喃喃而语，接着就吼了起来："不可能……不可能！"

　　那次诊断后，夫妇俩每天观察着儿子的变化，他们多么希望医生的诊断会出现哪怕是一点点的谬误。但两年以后，杜劢博的外形明显与正常孩子有了区别，他略宽的眼睑、比例不当的大头、呆滞的目光和混浊的发音，都证明了一个不争的事实——小劭博确实是"先天痴呆"。

从医的杜春杰把最后一丝希望寄托在先进的医学上。夫妇俩带着两岁多的儿子，开始了南来北往的治疗。马玉萍始终不能接受"痴呆"的结论，对"可能"二字，心怀侥幸，以至于在北京的一次专家会诊中，当医生测量小劭博的头部时，马玉萍一把抢过儿子，紧紧搂住，对医生怒目而视。

对儿子的那份执著的爱，以及几年的艰辛奔波已使马玉萍的精神到了崩溃的地步，有时望着儿子，她自己也变成了一副痴痴呆呆的模样，这更让杜春杰揪心。因为他意识到，他将失去的不仅仅是儿子的聪慧。

之后杜春杰就想尽一切办法，独自带着儿子就诊，名医名院、偏方郎中，只要有可能，没有他不求到的地方，但小劭博的情况没有丝毫改变。到五岁左右，小劭博心脏病复发的频率越来越高，只能住进了杜春杰所在的职工医院。从此，病房几乎成了这个"痴呆儿"的全部世界。

（二）

杜劭博长到八岁时，走路还不稳当，没有完整的语言能力，发音含混不清，许多时候，只有马玉萍能听懂他的意思。但夫妻俩经过多方争取，终于让儿子上了小学。小学六年级时，杜劭博终于知道了 *1+1=2*，而问他 *1+2* 等于几，他就只会摇头了。

但一件偶然的事，让老师和杜春杰看到了一丝希望。那天上算术课，杜劭博抹着鼻涕就往教室外走。对此，老师已习以为常。但那次很久不见他回来，班主任就满学校地找，最后在低年级的音乐课堂上找到了坐在后排的杜劭博，他正兴致勃勃地学唱一首歌。老师教完一遍，他立即旁若无人地大声唱了出来，没等那个音乐老师反应过来，班主任就已经把他拉了出来，在走廊上，班主任越想越奇怪，这个平时上课到处乱跑的孩子，怎么唱歌却一学就会？她立即找来一个音乐老师，在一间空教室里让音乐老师弹唱一曲新歌，劭博手舞足蹈听完第二遍就一字不差地大声唱了出来，而且音准的程度，让那位音乐老师感到惊讶。

　　放学后，班主任破例把他留了下来，待杜春杰心急火燎地赶到学校，发现班主任正和儿子一唱一和地在办公室"一路高歌"。当杜春杰拉着儿子的手回家时，一种兴奋、一种希望涌满了心头。

　　于是杜春杰夫妇想让儿子读中学。然而，任凭他们说破嘴，甚至下跪求情，都没有学校肯接收，理由是：学校不是托儿所！

　　杜家夫妇已经看到了儿子未来的一缕曙光，他们怎会轻言放弃？马玉萍一气之下，辞了职，在家自己给儿子当老师。她为儿子设置了特殊的教学程序，做了几千张图片。

　　每张图片她都几十遍、几百遍地不断重复，一年下来，孩子居然能看普通读物了。除了图文并茂地加深记忆，她又根据儿子从小对音乐的特殊爱好，买了一台 12 寸的黑白电视机。

　　没过几天，杜家夫妇就发现电视成了杜劭博最亲近的"朋友"。只要是电视上播放的歌曲、音乐作品，小劭博都能过目不忘，一转眼就哼唱出来。

　　杜家夫妇欣喜若狂，似乎看到了儿子已站在了未来的舞台上。1997 年的一天，杜春杰下班，一进门就对妻子说："我们厂乐队有个弹电子琴的师傅，愿意教劭博弹琴，我看给儿子买台电子琴吧。"

　　马玉萍此时倒犹豫了，一是家境难以支付几千元的费用，二是儿子虽然有音乐天赋，但毕竟是连上下楼都做不到的"痴呆儿"，能弹琴吗？

夫妇俩商量了许久，最后还是决定：买琴！让儿子学弹琴！

雅马哈电子琴买来了，教琴的师傅也来了。

琴架好了，调度的音响，吓得杜劭博大叫，双手捂着耳朵，躲到了走廊上。马玉萍好说歹说，把他哄到琴前，教琴的师傅，简单地告诉他几个开关、按钮和使用方法，又轻轻地弹奏了一首曲子就告别了。

望着儿子惊恐、茫然的神色，杜春杰后悔了，琴是向朋友借的三千元钱买的，不知何时才能还上，而儿子似乎对此并不感兴趣。

杜春杰开始怀疑自己对儿子的期望是否过高了。

当晚，马玉萍正在厨房忙着，杜春杰第一次发现儿子不在电视机前，正纳闷，只听里屋传出清亮悠扬的电子琴声。

杜春杰不太相信自己的耳朵，而马玉萍则问了句："教琴的师傅来了？"

杜春杰急步进屋，却见小劭博全神贯注，正麻利、娴熟地弹奏着"梁祝"的乐曲。杜春杰愣在门口，晃了晃自己的脑袋，以为是梦中，又掐了掐自己的手臂，一阵疼痛。这时马玉萍也到了丈夫身边，夫妇俩无论如何都不敢相信眼前的事实。

儿子是痴呆的，却会跟着电视胡乱哼唱或手舞足蹈地指挥幻想中的乐队，这在杜家夫妇看来，已是了不得了，眼下的一切，反倒让他们一阵惊慌。杜春杰握住妻子的手，两人的手都湿漉漉地渗出了汗。

杜劭博一时乐兴大发，用一只手的三个手指头娴熟地演奏着。琴是上午刚架好的，还没有时间给孩子进行任何弹奏辅导，这无师自通的本领从何而来，这过程夫妇俩竟是一无所知。

马玉萍过去搂过儿子的头，眼泪就流下来，而杜劭博则因为有人打断了他的乐兴而恼怒地一把推开马玉萍，抹着鼻涕又坐到了电视机前，身子不停地前后摇晃着。这是他自幼的一个习惯，无论大喜、大怒，只要是情绪反常，他都会用这个方式表达出来。

杜家夫妇彻夜不眠。以往每每涉及儿子的未来，都是愁绪万千，此时却是另一番滋味，夫妇俩一会儿哭，一会儿笑，好像儿子成为音乐家已是铁板上钉钉的事。

从这天起，夫妇俩的一大任务，就是记录儿子每天的"成就"。

几个月下来，杜春杰居然发现，儿子连唱会弹的竟有 600 多首中外名曲，而且数目还在不断增加。

杜春杰从不愿把这些告诉别人，怕别人难以相信，但作为父亲又难以抑制那种自豪感。

一天中午，老杜悄悄约了厂乐队弹电子琴的那位朋友，让他看看儿子的奇迹。那位朋友出于情面，不好推托。

到了杜家，朋友喝着茶看这个孩子弹奏，不一会儿，拿着茶杯的手僵住了，两眼放出奇异的光，不断地自语："不可思议……"

朋友发现杜劭博弹奏是用单手三个手指头，但音符之准确，就像个音乐学校的学生。朋友立即开始纠正"独特的三指法"。于是，没过多久，杜劭博已能用双手，准确地弹奏。儿子的"特异功能"给了杜春杰一个启示：儿子的另一个脑子既然能"复印"音乐，当然也能"复"印其他东西。于是他给儿子报读了英语班，一年下来，儿子已能流利地"复印"出大段英语，可遗憾的是，无论是音乐还是英语，儿子都只是"复印"，不懂其中的任何意思。

2000 年元月，杜春杰在报刊上看到了武汉的一位弱智少年舟舟要出国指挥交响乐团的报道，这使杜春杰对儿子的未来更加有信心，他把有关"舟舟的故事",全部搜集下来,一遍遍地阅读,又把电视台录制的"舟舟的故事"的录像带拿回家,于是舟舟成了杜劭博的偶像。舟舟是幸运的,有一个艺术家的父亲,有一个铸造他艺术灵感的环境,有无数媒体的多种报道,于是一个痴呆少年成了"天才""明星"。杜春杰没有奢望儿子成为"舟舟",他只是希望儿子能被人理解、接受,从而有一方儿子生存的空间。

杜春杰每天看多种报刊,搜集各类信息,希望儿子能有一个进入社会或被社会接受的途径。一个偶然的机会,在朋友家聊天,看到电视里播出的《亚妮专访》栏目,那关注社会文化、体现人文关怀的宣告,使杜春杰看到了希望。

(三)

亚妮是在一个雨天收到杜家的一封长达 *16* 页的信的,也是在一个雨天赶到了牡丹江去采访的。下雨,对东北的夏天来说,是很特别的。就像这次采访,她始终相信一个父亲说的这一切。

进门那会儿,杜邵博正坐在客厅的地上看电视,肥胖的身躯像座黑塔般挡在门口。电视里正放着《西游记》,他的眼睛始终盯着荧光屏,对她们的到来,视若不见。她用了足足两个小时才让郡博答应为她弹几首曲子。一进里屋,只见琴上蒙着一块墨绿的丝绒布,少年往琴椅上一坐,两眼望天,伸手就在蒙着布的琴键上弹起了《我爱这蓝色的海洋》,马玉萍见亚妮一脸诧异,忙解释:"这首歌是他前几天在电视里看会的。"

亚妮用手指了指琴,马玉琴又解释:"他常蒙着布弹,但决不会弹错!"

为了证实他的"复印"功能,亚妮随身带了一盒电影《铁道游击队》主题歌的录像带,随手就放给他看,看到电视图像,杜邵博就开始前

182

后摇晃他胖胖的身体，一脸兴奋地听完曲子，没等亚妮说话，就一口气把曲子"复印"出来了，"复印"完后竟用含糊的口音"命令"亚妮："再放！"

因为没有多余的音乐带，少年就不再理她，直到许诺并立刻兑现，给他买了一台 VCD 机后，小劭博才开心起来，渐渐地与她熟悉起来。

趁此机会，亚妮带他到了当地她的一个作曲的朋友家中，想证实他是否像他父亲信中所说的那样：能无师自通弹奏各种陌生的乐器。

朋友见亚妮手牵一个少年从风雨中冲进屋来时，惊得半天没说出一个字来。当亚妮草草讲完少年的故事，她更是一头雾水，直眨眼睛："不会吧……"她多少以为亚妮在说着类似天方夜谭的东西。杜劭博从没弹过钢琴，但见到与电子琴"长"得很像的东西，顿时非常感兴趣。他也不知客套为何物，一屁股湿漉漉地坐在琴凳上，一双脏乎乎的手就放到琴键上。

他先用右手单音弹奏了一小段《红旗颂》的主旋律，然后不停地看着亚妮问："红旗颂？"

亚妮的朋友王女士不以为然："就这也叫弹琴？"

她赶忙解释："这是刚在出租车上我临时给他哼的一小段乐曲，我记不全，所以他也弹不会。"

王女士看看少年又看看亚妮："他听了一遍就能背出来？"

"对，他能'复印'。"亚妮如实说。

王女士将信将疑："我有全部的录音带……"

"我听！"少年跳起来，口齿不清地叫，又过去拉王女士的手。

老式的录音机，很快放出交响乐《红旗颂》完整的乐曲。

杜劭博的身体前后大幅度地晃动着，等第二段主旋律再起，他便挥舞起双手，指挥起一支"庞大的交响乐队"，他的眼中流露出飞扬的神采。

《红旗颂》的第二遍没放完，少年抓过朋友书架上的一本谱子，放到钢琴的琴夹上，他一本正经地翻开谱子，上面明明印着《弯弯的小河》的曲谱，而少年则昂首而视，双手弹奏出的是《红旗颂》的完全曲。在主旋律过后，他又用声音哼出小号的副旋律来，这让亚妮那位从事了半辈子音乐和文学工作的朋友目瞪口呆。

雄浑、悠扬的《红旗颂》在少年的手下不断流淌出来，此刻，亚妮想到的是杜家夫妇这么多年的千辛万苦和久久的期盼。这个智商仅28.3的弱智少年向亚妮，也向更多的人证实了一个事实：在音乐中，没有智商的高低，音乐似乎也和命运一样——只承认用奋斗"包装"自己的强者。

46．潘德明志行全球

1917 年农历正月初一的早上，天刚蒙蒙亮，离湖州城七八里路道场山的道场寺里，正在坐禅的老和尚，突然被一阵咚咚的敲门声惊扰了。

"谁这么早就到寺里来了？"老和尚站起来去开了寺门，一看，是个不满十岁的小孩。他奇怪地问："大年初一，你不到城里热闹的地方去玩，到这里干什么？"

"师傅，我想看看你们是怎样过年的？"小孩稚声稚气地说。

"唔，原来是这样。你叫什么名字？"

"我叫潘德明。"

老和尚很热情地接待了他，带着他参观了庙里的神像，又带他爬上了道场山的山顶，与他一起向四处眺望。潘德明向自己家的方向望去，平常看起来很大的房屋此刻小得像火柴一样，一眼就可以看到整个湖州城了。

老和尚望着潘德明眼睛里流露出的兴奋神情，意味深长地对他说："站得高才能看得远。但是，不管你站得多么高，你也不可能看到全世界……"

"为什么看不到？"潘德明奇怪地问。

"因为我们住的地球是圆的，还有一半在我们现在所能看到的背面。一千三百多年前唐朝有个叫玄奘的师傅，走了十七年，连世界的一半还没走到呢。"

老和尚的话使潘德明激动了，他暗暗地下了决心：等我长大了，一定去看看全世界。

从此，每天天还没亮小潘德明就围绕着湖州城墙跑步，无论严寒酷暑，从不间断，他在为环球旅行锻炼身体。在学校里，他除了完成老师布置的作业，还刻苦地学习外语和阅读世界地理、历史、探险旅行等书籍。有一次，他在路上看到有人拿着一本介绍探险家的书，但他没钱买，就脱下刚穿到身上的新衣服，硬是缠着人家用新衣服换到这本书。

为了锻炼自己的胆量，在他听说离湖州城三里路的一块坟地里半夜闹鬼后，十一岁的潘德明就挟了一床被子到坟地里去睡觉。

1930 年 6 月，潘德明二十二岁时，约了两位同伴，骑自行车从上海出发了。可是一走到印度，那两位同伴就不肯再走了。但这丝毫没动摇潘德明环球旅行的决心，没有同伴，他就独自一人继续往前走。

潘德明用了 7 年时间，历经千难万险，到了 43 个国家和地区，实现了他环球旅行的愿望。

47. 制造机器人的高中生

2000 年 9 月 2 日下午，广西北海机场出口处，北海中学的校长叶翠微带领几位副校长和 3 位手捧鲜花的女学生，迎接一位从北京回来的英俊少年——苏茂，他是北海中学高三（4）班的学生。几天前，他携带自己独立设计和制作的"数字比例无线电遥控机器人"进京，参加"长江小小科学家"大奖赛，一路过关斩将，夺得二等奖和 6 万元奖金。此前二十几天，他曾携带这个机器人到安徽合肥，参加"第十届全国青少年科技创新大赛"，夺得了"发明创造比赛"一等奖和"英特尔少年英才奖"。以上 3 项大奖，都是广西青少年在全国性的青少年科技大赛中夺得的最高奖项。

苏茂出生于北海市区一个普通市民家庭。从幼时起，他就特别喜爱电动玩具，每次大人带他进商场，走到电动玩具专柜就不肯走了，一双大眼睛瞪得圆溜溜的，露出垂涎三尺的神色，隔着玻璃把柜里的电动玩具一个个地细看个遍。若是大人给买一个，他会高兴得一蹦三跳，对到手的电动玩具视若珍宝。

为了买玩具，苏茂把平时得的压岁钱、零花钱，一角两角地积攒起来，买小电动车、小电动船、小电动木偶人、小电动动物等电动玩具。

苏茂玩电动玩具和别的孩子不大一样，别的孩子玩玩就厌了，再好的玩具玩不了几天就扔在一边，但苏茂不论玩什么电动玩具，都会玩得着了迷。一边玩，一边还思考这些电动玩具为什么会动。为看个究竟，他将每一个电动玩具"大卸八块"，再一个零件一个零件地组装回去。

对酷爱电动玩具的苏茂来说，靠有限的零花钱买电动玩具当然不能满足，他便想到了自己动手做。爷爷是他做玩具的启蒙老师，这位与大海中的风浪搏斗了半个世纪的老渔民虽然没有文化，却有一双灵巧的手，会做木工活，还无师自通地会修理普通的家用电器。爷爷教苏茂用吃剩下的芒果核和一根细绳子做出了一个手动陀螺，一拉绳子便会旋转，这是当地渔民的孩子常玩的自制玩具。苏茂嫌这个手动陀螺太简陋，爷爷又教他做小玩具船，耐心地给他讲解哪里是龙骨，哪里该安放舵和桨。没过多久，苏茂发现爷爷教做的小船只能当作摆设，放在水中却不能行走。于是，他用木片削一只螺旋桨安装在小船的尾部，再拆下小电动汽车上的电动机，安装在小船上带动螺旋桨，便成了一只能在水里行走的小电动船。

第一次制作电动玩具获得成功，更激发起苏茂的兴趣，他又用木板、竹片、泡沫等原材料，制作出了用螺旋桨推动的小电动汽车、电动军舰、电动竞速赛艇和电动木偶人，用橡皮筋作动力的飞机模型、利用自然风力推动的帆船等。爷爷特别宠爱这个心灵手巧的孙子，在苏茂上小学三年级那年，给他买了一个价值 100 元的遥控电动汽车，从此把苏茂引入了遥控电动玩具和模型的世界。

苏茂从小就树立起了正确的科学观。从小学一年级起他就订阅了《少年科学画报》《科幻世界》等科普杂志。进入中学阶段，又订阅了《少年科学》《中学科技》《科技辅导员》《航空知识》《航空模型》《舰船知识》《模型运动与技术》等科普杂志。每期杂志他都从头至尾，认真阅读，然后照着杂志上教的方法，尝试着制作各种电动玩具和模型。看过的杂志，他全部珍藏在自己的小书柜里，以备查阅。若是邮差漏送了一本杂志，他会找遍市里的书报摊，想方设法买来补齐。长期订阅科普杂志，使苏茂在课外学到了许多科技知识，了解最新的科技动态，建立起了正确的科学观，激发起发明创造的欲望和热情。自己动手制作电动玩具、遥控模型，又使苏茂将书本知识付诸实践。随着年龄的增长，苏茂掌握的科技知识越来越丰富，制作出的电动玩具、遥控模型也一个比一个漂亮，一个比一个精美。

苏茂从小就善于处理学校功课和小发明、小制作之间的关系，总是将功课放在第一位，完成了功课再进入自己的小发明、小制作的小天地里去。有时候为专心制作某一个模型影响了学习，他会毅然放下模型去突击学习，待功课赶上去再接着制作。初二下学期，他因为花了太多的时间去制作遥控模型，期中考试没考好，他马上自觉地收起玩具，一心加倍努力学习，终于在期末考试时考出了好成绩。初三下半学期，为了保证能在激烈的竞争中考上北海市的重点高中北海中学，他将全部电动玩具和遥控模型收了起来，一心一意扑在学校功课上，直到如愿以偿地考入了北海中学，他才将久违的电动玩具和遥控模型一个个拿出来摆弄。

为了能兼顾学校功课和小发明、小制作，苏茂极其珍惜时间，从小学到中学，他都精确地计算时间，力争不浪费每一分钟，上学既不迟到，也不早到，从家里放下电动玩具和遥控模型，跑步到学校，学校刚刚拉响上课铃。课间休息和课外活动时间，同学们都跑出教室去放松，他依然坐在自己的座位上读科普书籍。就连上厕所，也是手不释卷。几乎每天晚上，他都要摆弄电动玩具和模型到深夜 12 点。

苏茂的房间里，摆满了各式各样的电动玩具、电动模型、遥控器和零配件，如同一个小电子修理店。小时候玩得残缺不全的电动玩具，他一件也舍不得丢掉，全部装在一只箱子里，他经常从这些旧玩具上拆卸零件，发挥自己的想象力，组合成新的作品。

苏茂上高中的北海中学，是广西的重点中学。从 1999 年起，北海中学每年都要举办一次科技节，以培养学生的科学创新精神与实践能力，激发学生学科学、爱科学、用科学的热情。从小执著地热爱科学、追求科学，在科技里勤耕苦耘不辍的苏茂，成为在学校科技节中脱颖而出的科技尖子。

1999年5月，北海中学举办首届科技节，平时有些腼腆、不苟言笑，但创造性思维却格外活跃、想象力特别丰富的苏茂正上高一，他也决定参赛。经过一番构思，他打算做一个无线电遥控的小机器人，设想这个机器人能够代替人类在某种恶劣的环境下工作。这是苏茂第一次尝试着做遥控机器人，他花了两个星期的课余时间，几乎每天晚上都苦干到深夜一两点钟，来完成这件对他来说难度最大的作品。他先做出一支长约20公分、具有4个自由度的遥控机械手臂，这支手臂具有人手的一般功能，手臂可以伸缩，手腕可以翻转，手指可以张开来抓取物品。然后，他把这支机械手臂装到了一辆无线电遥控小汽车上面，就成了一个能行走、能工作的遥控机器人。

科技节开幕的当天，苏茂制作的遥控机器人作为最出色的一件作品，令全体评委赞不绝口，将唯一的一个特等奖给了他，而且专门为他的机器人开了一个演示会。演示会在学校的操场举行，全校师生将操场围得水泄不通。苏茂沉着地站在操场中央，手握遥控器，指挥数十米外的机器人前后左右地行走、伸缩手臂、翻动手腕，将主持人放在地上的一枝红玫瑰拾了起来，高高地举起，缓缓地绕场行走一圈，最后停步在给过自己最大帮助的班主任老师面前，将玫瑰花献给了她，老师接过玫瑰花，笑容像玫瑰花一般灿烂，整个操场则欢声雷动，同班同学为苏茂鼓掌拍红了巴掌，腼腆的苏茂一下子成为学校的科技明星。

2000年4月，北海中学举办第二届科技节，已上高二的苏茂又利用近半年的课余时间，做出了一个"数字比例无线电遥控机器人"参赛。这个机器人比第一个机器人更大，外形更漂亮，功能更完善，同时制作难度也更大。它的手臂约一米长，共有7个自由度，不但能伸缩，还能在水平方向摆动、左右方向转动、上下方向移动，手腕能在有限的空间内到达任何位置，手指能从不同的角度抓取物品，底座是三点轮式的，能灵活自如地朝任何方向行走。这个机器人综合了电子学、力学、机械学等知识，采用铝合金材料做成机械杠架，结构简单，易普及、易使用、易修理，可通过数字比例无线电遥控器，在数百米范围内控制它，让它模拟人手工作。这个机器人再次夺得了科技节特等奖。演示会上，苏茂先用遥控器指挥机器人拿起一个杯子，从一个水槽里舀出一杯水；又指挥机器人，捡起同学们扔在地上的小纸片；还让机器人行走到同班同学面前，与他们一一握手。观看演示的全校师生再次为苏茂的成功热烈鼓掌和吹呼。同年 5 月上旬，苏茂和他的机器人被推荐到南宁参加广西壮族自治区青少年创造发明大赛，夺得了一等奖。

同年 8 月初，第十届全国青少年科技创新大赛在安徽省合肥市举行，这是国家最高级别的青少年科技大赛，每年举办一次，由中国科学技术协会、国家教育部、国家体育总局、全国妇联、共青团中央、国家自然科学基金委员会、全国青少年科技活动领导小组联合主办，英特尔（中国）有限公司领衔赞助。苏茂和他的"数字比例无线电遥控机器人"被推荐到广西青少年科技发明创造代表队，赴合肥参赛。参赛前，北海中学校长叶翠微对这次大赛十分重视，考虑到苏茂的机器人身上的安装的遥控设备已经陈旧，容易出故障，便批给苏茂6000 元专款，让一位老师带着他到广州，买回一套进口的遥控设备替换。大赛中，苏茂遥控机器人从不同的角度准确地抓取一只矿泉水瓶子，赢得了在场的专家学者的一致赞许，夺得了"发明创造比赛"一等奖和"英特尔少年英才奖"。

8 月底，苏茂和他的"数字比例无线电遥控机器人"又被推荐参加在北京举办的"长江小小科学家"大奖赛。这次大奖赛，是由国家教育部和香港李嘉诚基金会主办、中国科学技术协会承办的，共有来自全国各省市自治区和香港、澳门特别行政区的500多件作品和项目参赛，代表了全国青少年科技发明的最高水平。初评后，只有81件作品和项目进入了终评展示会场，这些作品大部分是近年来在全国性和国际性青少年科技发明比赛中获奖的。作品终评评委由中国科学院、北京大学、清华大学、中国科技大学的27位著名专家教授组成，参赛选手必须经过三道关卡：第一，写出作品的文字说明，必须说清楚作品的科学性、先进性和实用性；第二，作品现场演示；第三，设计制作者与全体评委面对面地进行答辩。苏茂和他的机器人顺利地闯过了三关，夺得了二等奖。一等奖由新疆一位中学生夺得，他因为发现了一个新物种"小花鸟巢篮"而夺冠。

从首都载誉归来的苏茂回到学校，立刻投入了紧张的学习之中。为了参加两次全国性的青少年科技大赛，他比同年级的同学晚开学一个月，功课已经落下了很多。他决心像上初三那年一样，暂时停止科技小发明、小制作，把学习成绩突击上来，力争在高考时考上一所重点大学，学习自己所喜爱的机械专业。

48. 双手摸出人间奇迹

三岁前被摘掉两个眼球的袁靓，生活在黑暗的世界里已经多个年头了，应该说她的人生是不幸的。就是这样的一个不幸的女孩，与她的父母和老师共同创造了多少个人间奇迹：可以弹奏美妙的钢琴曲，说一口流利的英语，成为中国小作家协会第一批会员。最大的奇迹是：2000年6月，出版了20余万字的《袁靓童话集》。多位知名作家和文化名人为此书题词。书的序言中写道："现有资料表明，在袁靓出书之前，莫说在中国，就是在全球也没有十二岁盲童写书出书的事。袁靓这位盲童，硬是用顽强的毅力'摸'出人间奇迹。"

这50多篇20余万字的童话作品，是袁靓在3年时间里用盲笔"扎"出来的，她的手指有很厚的老茧，经常写得手指红肿，疼痛难忍。写出一篇满意的作品，袁靓就用很慢的语速读给父亲听，她的父亲如实记录下来，寄给全国的报刊发表。

袁靓说："将来我要去美国留学，长大了我要当个大作家。现在呀，好好学习，再写一本童话……"这位生在上海的盲童对未来充满了希望。

1988年11月12日，年过三十的袁德礼、王裕志夫妇开心极了，他们的女儿出生了。他们给女儿起了个好听的名字：袁靓。希望女儿美丽出众，将来美满幸福。

然而，不幸很快就降临这个家，刚满月的袁靓就被诊断患有视网膜母细胞癌。袁德礼和王裕志夫妇一下子从幸福的顶峰跌进了痛苦的深渊。当3个月的小袁靓被摘除左眼球后，王裕志整天抱着女儿以泪洗面。不懂事的小袁靓并不明白妈妈为什么总是哭，她总是笑着面对妈妈的泪水。

慢慢地，袁德礼、王裕志夫妇都能接受了女儿失去左眼的现实，他们最大的愿望就是把女儿抚养成人，不让她再受一点委屈。而噩运又一次向这个家庭袭来了重拳。小袁靓三岁时，医生的诊断让一家人欲哭无泪："小袁靓必须摘除右眼球，否则性命不保！"王裕志整天抱着小袁靓，两眼直勾勾地看着女儿，好像害怕什么人从她身边抢走一样。袁德礼经过痛苦的思考，做出当时认为是明智的选择："让女儿一生生活在黑暗中，太痛苦了，她长大了怎么活呀！还不如放弃治疗，让女儿在父母的爱中走完短暂的人生。"人们都说母爱是拒绝理性的，王裕志当时的想法和做法验证了这一点。当时的王裕志不听任何劝告，她只认准一个理："只要女儿能活，就行！"

最后的结果，是小袁靓自己决定的。一天傍晚，袁德礼、王裕志夫妇又一次商量应该怎么办，这一次是当着袁靓的面说的，他们都认为小袁靓太小听不懂他们在说什么。可是，奇迹发生了，小袁靓开口了："妈妈，我要活！不要死！"袁德礼把女儿紧紧抱在怀里，两行热泪淌到了女儿的脸上："爸爸救你，没有眼睛了也让你活下去！"

就在手术的前一天，袁德礼、王裕志夫妇带着小袁靓坐车逛街、逛公园，他们要让女儿把世界上的颜色看个够。从第二天起，袁靓的一生都不可能再看到什么了。王裕志用手指着看到的一切告诉女儿：这是红的，那是绿的；这是汽车，那是高楼；这是老虎，那是猴子；这是花儿，那是草……王裕志忍不住在哭，袁德礼表情沉重，一言不发，小袁靓则笑着比划着。手术后，小袁靓问妈妈："天为什么是黑的？为什么看不到妈妈了？"王裕志哭着告诉女儿："妈妈领着你，黑也不怕！"

小袁靓天性活泼，虽然没有眼睛，却一点不影响她的活动。在盲童幼儿园里，她是最好动的，也是最爱问问题的。在家里，也总是缠着妈妈问这问那，妈妈答不上来的，就等爸爸回家后问。袁德礼本来是记者，后来经商开公司，当然十分辛苦，回到家已经筋疲力尽了。小袁靓并不理会爸爸的怠慢，她缠着爸爸，直到把脑海里所有的问题弄清楚才肯罢休。小袁靓好动，在幼儿园里，在家里，总是手里不离东西，总想把身边的一切拆开弄明白。两条灵活的腿总在运动，当然不时会摔得头破血流，可第二天仍会跑来跑去。

小袁靓看不到任何东西，她总是让妈妈给她讲看到的一切。妈妈讲着，就像她亲眼看到一样，手舞足蹈地跟着又说又笑。

一晃儿，小袁靓六岁了，有一天，她非常认真地对妈妈说："妈

193

妈，我想上学！院里的小朋友像我这么大应该上学了，为什么不送我上学？"王裕志到处了解，搞明白了小袁靓应该上盲童学校，于是小袁靓七岁那年，走进了上海盲童学校的大门，开始了她的学习生活。她真正有意义的生活，是从上学开始的。

走进盲校的袁靓，很快就明白了一个道理："盲人有一双特殊的眼睛——手！用手可以感知这个世界的一切。"有眼睛的孩子用铅笔、钢笔写字，没有眼睛的孩子可以用盲笔"扎"字，袁靓"扎"的字很好，这让她很开心。

最让袁靓开心的是上音乐课，老师教他们识谱唱歌，袁靓学得非常投入，她有很好的歌喉。开始学乐器时，袁靓学得更认真了。琵琶、电子琴、钢琴，她都学得很认真。她是不可能看见琴键和音区的，老师就教她用手摸，记住距离和发音，袁靓一遍一遍练习，开始时经常摸错键，弹得不成曲调。几个月后，她能弹得很好了，要知道，几个月的时间里，袁靓的手磨破了，人也瘦了。妈妈看着很心疼，劝她不要太苦了自己，小小年纪的袁靓非常认真地说："妈妈，我爱听音乐，我要自己给自己听，我不怕苦。"妈妈流泪了，心里发誓："要给女儿买一架钢琴。"

袁靓曾在《作文世界》上发表过一篇《妈妈是个"小气鬼"》的文章，详细讲了妈妈的种种小气行为：不买新衣服，整天穿着过时的旧衣服，中午饭舍不得吃菜，也不给袁靓花钱。最后她才明白，妈妈省吃俭用，省下钱给她买了架1万多元的钢琴。

家里有了钢琴，袁靓有时间就坐在钢琴前，不知疲倦地弹着琴。现在她的钢琴弹得具有专业水平了，每当她弹起最喜爱的《命运交响曲》时，整个身心都融入曲中了。别人坐在一旁听着听着，就会认为她弹奏的不是乐曲，而是在弹自己的心声和决心。

袁靓说她不想当钢琴家，她弹琴是弹给自己听，因为她喜欢音乐，同时还想证明没有眼睛的她不比有眼睛的孩子差。而学习英语，她却是有明确目标的："长大了去美国留学。"三年级时，学校开设了英语课，当然是盲文英语。学英语最大障碍是发音，袁靓无法看到老师的口型。一般人学习英语，要看着老师发音时的口型，然后模仿老师的口型发音，经过无数次的纠正，最后才能发出正确的音。而盲人是无法看见老师的发音口型的。当然，盲校老师用他们特殊的方式向学生讲着应该用什么口型，学生也都尽力学着，但他们学得真的太艰难了，他们更多的是依赖听磁带。

那时的袁靓有个想法："长大了要去美国留学！我就要为盲人争这口气！"那时，妈妈给买的小录音机整天不离手，只要有一点时间她也要听英语磁带。一个音标、一个音标地听，一个单词、一个单词地听，用不同的口型反复校正自己的发音，直到跟磁带上的发音一样为止。袁靓听过的英语磁带全都报废了，因为她听的次数太多了，磁带都磨坏了，只好再买新的。只有十二岁，才上小学六年级的袁靓，能讲一口流利的英语。接受采访时，记者告诉她："我身边很多朋友的孩子读六年级，他们的英语水平比你低多了。"袁靓自豪地说："叔叔，我就是要比他们做得好，我只是没有眼睛，其他的都不会比他们差。等去美国留学会做得更好，我要给中国人争光呢！"

袁靓爱读书，可盲文书太少了，依靠广播和录音磁带也满足不了她的读书欲望，爸爸妈妈就只好成为她的眼睛了。爸爸妈妈给她买了许多书，当然这些书很多是她自己点名要的，《十万个为什么》《安徒生童话集》《伊索寓言》《世界童话名著选》等，都是爸爸读给她的。还有许多历史、地理、动物、植物的知识也是这样学来的。有一段时间，袁靓喜欢让妈妈给她读成语词典。

读书的兴趣越来越浓，袁靓的作文也写得越来越好。妈妈给她订的《儿童文学》《少年文艺》等书她也很有兴趣。有一次，妈妈正给她读《儿童文学》上的一篇童话故事，袁靓认真地说："妈妈，我想我编的童话故事不比他们的差，我也要写童话。"妈妈并没有当真，袁靓却当真了。

从那时起，只要周末回到家（袁靓是上海盲校住校生，只有周末才回到家里），袁靓就躲到自己的房间用那只盲文笔"写"呀"写"呀，到吃饭时间也不出来，妈妈走进去看，只见她神情专注地在纸上用心地"扎"着一个个盲文字，妈妈当然看不懂。袁靓说她在做一件大事，做好了再告诉妈妈。那时是 1998 年年初，妈妈发现袁靓的手都写肿了，可她还在写，怎么劝也没有用。

1998 年 5 月初的一个周末，吃过晚饭，袁靓把自己的大作读给爸爸妈妈听，那是她用几个月的时间写出的几篇童话作品。袁德礼听女儿读自己写的童话，真的很兴奋："我女儿可以当小作家了。"他给袁靓的作品提了一些建议，袁靓根据自己的理解重新修改了童话作品。又是一个周末，袁靓用很慢的语速读着自己的作品，袁德礼一字不漏地记录着，然后工工整整地抄写在稿纸上，把其中一篇寄给了《少年报》。1998 年 6 月，袁靓的第一篇童话作品《没有胡子的翘翘》发表在《少年报》上，从此一发而不可收拾，《新民晚报》《文汇报》《儿童文学》等全国有影响力的报刊都有袁靓的童话作品发表。1998 年年底，袁靓的童话作品《龟兔第三次赛跑》获《解放日报》"昂立杯"童话征文一等奖。袁靓成了盲童童话作家，一时间在上海家喻户晓。

袁靓成功了，可这成功的背后，有的是太多的汗水、太多的艰辛。袁靓的童话作品，短的几百字，长的几千字，都是用她的那只盲文笔"扎"出来的。平均每个盲文字要"扎"十多下，一千多字的童话作品就得扎一万多下。最累的是修改，一般人写文章，可以在纸上涂来改去，把一切都改好了再重抄写一遍就可以了。而盲人写盲文，每修改一次就得重写一遍。我们可以想象，盲文是"扎"出来的，阅读时是用手摸纸上的针眼，如果有"扎"过字的纸上重新"扎"字，那就没法阅读了。袁靓的每一篇童话作品，都得改上几遍，每写一篇手指都被磨破多次。

袁靓写童话的功夫，不仅仅体现在用盲文笔"扎"字的艰难，更难的是她对文中那些动物、植物和环境的把握上。袁靓三岁时便没有了双眼，在她的记忆中，没有颜色、没有形态，有的只是黑暗。明眼少年儿童作文中的大部分事物是来自自身的观察和体验，就是想象的部分也是有平时眼见的基础。而袁靓，她的头脑中的一切形象都来源于用手摸的感受和根据读书想象出来的东西。我们知道"盲人摸象"的故事，也就知道了一个盲人不可能靠手摸来明白事物的真相，那袁靓童话作品中描写的一切事物的来源就都是书本知识加想象了。

如果说，袁靓童话作品好的构思来源于她的聪明才智，那童话作品中描写的那些动物、植物、人类和自然环境就是她学习的结果。当然，她的这种学习也把她的爸爸妈妈累坏了，因为爸爸妈妈是她读书的眼睛。那些关于一切形象的知识，除了少部分是袁靓在学校盲文图书馆里学到的和从磁带上、广播中听到的，大部分是她的爸爸妈妈读给她听的，而她则必须牢牢记住，因为她不能像一般孩子那样，忘记就能翻翻书、查查资料。袁靓最喜欢听磁带中的童话故事，她沉浸在音乐、声音、情节的世界里，想象着花草的颜色，想象着可爱的和可憎的动物是什么样子，想象着置于草地、森林、河流、大海中的感觉，想象着高楼大厦的形状……通过这些想象，重新在脑海里构思出这一切形象，把它们写进自己的童话作品中。

2000年年初，袁靓共发表了50多篇共20万字的童话作品。当时有一个上海的记者采访她，袁靓说她渴望出一本童话作品集。这个消息刊出后，上海的许多人在盼着这本书出版，当然，许多人也在热心地帮助袁靓。上海市委领导和著名作家叶辛、冯英子、著名企业家蓝先德等都为此做了许多工作，还为袁靓的童话作品集题词作序。2000年6月，上海大学出版社正式出版发行了20万字的《袁靓童话集》。当时又一次轰动了上海，许多家长领着孩子手捧着《袁靓童话集》在书店排着队等袁靓签名。

　　采访时，袁靓告诉记者："长大了要当个大作家，这可是我几年前的心愿了，相信我能做到。"

　　每当学校组织捐款给受灾地区时，袁靓就会捐出全部的零用钱。第五届全国残运会举行时，正在排练节目的袁靓把身上所有的钱——50元零6角捐了出来。在2000年5月第五届全国残运会闭幕式上，袁靓与著名影星一起朗诵了她自己创作的童话诗《战胜厄运的龟兔》，受到了观众的热烈欢迎。

　　2000年10月，袁靓对妈妈说："我要帮助更多的人，因为帮助我的人太多了，我要帮助比我更需要帮助的人。"